CONSTRUIR
AS COMPETÊNCIAS
DESDE A ESCOLA

| P455c | Perrenoud, Philippe
Construir as competências desde a escola / Philippe Perrenoud; trad. Bruno Charles Magne. – Porto Alegre: Artmed, 1999.

ISBN 978-85-7307-574-8

1. Fundamentos da educação. I. Título.

CDU 37.011 |

Catalogação na publicação: Mônica Ballejo Canto - CRB 10/1023

CONSTRUIR
AS COMPETÊNCIAS
DESDE A ESCOLA

Philippe Perrenoud
Professeur à l'Université de Genève

Tradução:
Bruno Charles Magne

Consultoria, supervisão e revisão técnica desta edição:
Maria Carmen Silveira Barbosa
Professora assistente da Faculdade de Educação da UFRGS.
Mestre em Educação pela UFRGS.
Doutora em Educação pela UNICAMP.

Reimpressão 2009

1999

Obra originalmente publicada sob o título
Construire des compétences dès l'école
© ESF éditeur, 1997
ISBN 2-7101-1250-7

Capa:
Mário Röhnelt

Preparação do original:
Clóvis Victoria, Elisângela Rosa dos Santos

Supervisão editorial:
Letícia Bispo de Lima

Composição e arte:
ComTexto Editoração Eletrônica

Reservados todos os direitos de publicação, em língua portuguesa, à
ARTMED® EDITORA S.A.
Av. Jerônimo de Ornelas, 670 - Santana
90040-340 Porto Alegre RS
Fone (51) 3027-7000 Fax (51) 3027-7070

É proibida a duplicação ou reprodução deste volume, no todo ou em parte, sob quaisquer formas ou por quaisquer meios (eletrônico, mecânico, gravação, fotocópia, distribuição na Web e outros), sem permissão expressa da Editora.

SÃO PAULO
Av. Angélica, 1091 - Higienópolis
01227-100 São Paulo SP
Fone (11) 3665-1100 Fax (11) 3667-1333

SAC 0800 703-3444

IMPRESSO NO BRASIL
PRINTED IN BRAZIL
Impresso sob demanda na Meta Brasil a pedido de Grupo A Educação.

Sumário

INTRODUÇÃO
    Primeira abordagem 7
    Cabeças bem-cheias ou cabeças bem-feitas? 10
    A irresistível ascensão 12
    Uma possível resposta à crise da escola? 14
    Plano da obra 17

1. A NOÇÃO DE COMPETÊNCIA
    Três pistas falsas 19
    Mobilizar os recursos: uma estranha alquimia 21
    Esquemas e competências 23
    Esquemas constituídos e condutas de pesquisa 25
    Competências, *savoir-faire*, recursos 27
    Analogias e conjuntos de situações 28
    Exercício e treinamento na formação de competências 31
    O que está em jogo na formação 32

2. PROGRAMAS ESCOLARES E COMPETÊNCIAS
    Competências e práticas sociais 35
    À procura de competências transversais 36
    Práticas de referência e de transposição 38
    Competências e disciplinas 40
    Entre o "tudo disciplinar" e o "tudo transversal" 42
    A transferência e a integração dos conhecimentos 44
    As conseqüências para os programas 45
    A idéia de "bloco de competências" 48

3. IMPLICAÇÕES DO OFÍCIO DE DOCENTE
    Abordar os conhecimentos como recursos a serem mobilizados 53
    Trabalhar regularmente por problemas 57
    Criar ou utilizar outros meios de ensino 61
    Negociar e conduzir projetos com os alunos 62
    Adotar um planejamento flexível, improvisar 63
    Estabelecer um novo contrato didático 65

Praticar uma avaliação formativa 65
   Rumo a uma menor compartimentação disciplinar 67
   Convencer os alunos a mudar de ofício 68
   Uma outra formação, uma nova identidade 70

4. EFEITO DA MODA OU RESPOSTA DECISIVA AO
   FRACASSO ESCOLAR?
   Reconstruir a transposição didática 73
   Atenuar as divisões disciplinares 75
   Romper o círculo fechado 76
   Criar novas formas de avaliar 77
   Reconhecer o fracasso, não construir sobre a areia 79
   Diferenciar o ensino 80
   Transformar a formação dos docentes 82

CONCLUSÃO: A RESPEITO DAS ESTRATÉGIAS DE MUDANÇA
   Resistências muito racionais 84
   Assumir solidariamente uma aposta 85

REFERÊNCIAS BIBLIOGRÁFICAS 87

Introdução

Afinal, vai-se à escola para adquirir conhecimentos, ou para desenvolver competências? Essa pergunta oculta um mal-entendido e designa um verdadeiro dilema.

O *mal-entendido* está em acreditar que, ao desenvolverem-se competências, desiste-se de transmitir conhecimentos. Quase que a totalidade das ações humanas exige algum tipo de conhecimento, às vezes superficial, outras vezes aprofundado, oriundo da experiência pessoal, do senso comum, da cultura partilhada em um círculo de especialistas ou da pesquisa tecnológica ou científica. Quanto mais complexas, abstratas, mediatizadas por tecnologias, apoiadas em modelos sistêmicos da realidade forem consideradas as ações, mais conhecimentos aprofundados, avançados, organizados e confiáveis elas exigem.

A escola está, portanto, diante de uma verdadeiro *dilema*: para construir competências, esta precisa de *tempo*, que é parte do tempo necessário para distribuir o conhecimento profundo.

PRIMEIRA ABORDAGEM

São múltiplos os significados da noção de competência. Eu a definirei aqui como sendo *uma capacidade de agir eficazmente em um determinado tipo de situação, apoiada em conhecimentos, mas sem limitar-se a eles*. Para enfrentar uma situação da melhor maneira possível, deve-se, via de regra, pôr em ação e em sinergia vários *recursos cognitivos* complementares, entre os quais estão os conhecimentos.

No sentido comum da expressão, estes são *representações da realidade*, que *construímos e armazenamos* ao sabor de nossa experiência e de nossa formação. Quase toda ação mobiliza alguns conhecimentos, algumas vezes elementares e esparsos, outras vezes complexos e organizados em redes. Assim é, por exemplo, que conhecimentos bastante profundos são necessários para:

— analisar um texto e reconstruir as intenções do autor;
— traduzir de uma língua para outra;
— argumentar com a finalidade de convencer alguém cético ou um oponente;
— construir uma hipótese e verificá-la;
— identificar, enunciar e resolver um problema científico;

- detectar uma falha no raciocínio de um interlocutor;
- negociar e conduzir um projeto coletivo.

As competências *manifestadas* por essas ações não são, em si, conhecimentos; elas *utilizam, integram,* ou *mobilizam* tais conhecimentos. Embora conhecedor do Direito, a competência do advogado ultrapassa essa erudição, pois não lhe basta conhecer todos os textos para levar a bom termo o assunto do momento. Sua competência consiste em *pôr em relação* seu conhecimento do direito, da jurisprudência, dos processos e de uma representação do problema a resolver, fazendo uso de um raciocínio e de uma intuição propriamente jurídicos. Da mesma maneira, um bom médico consegue identificar e mobilizar conhecimentos científicos pertinentes no momento certo, em uma situação concreta que, evidentemente, não costuma apresentar-se como "um problema proposto em aula" para o qual bastaria encontrar a "página certa em um grande livro" e aplicar a solução preconizada. Que o clínico disponha de amplos conhecimentos (em física, em biologia, em anatomia, em fisiologia, em patologia, em farmacologia, em radiologia, em tecnologia, etc.) não é senão uma *condição necessária* de sua competência. Se estivesse reduzida a uma simples aplicação de conhecimentos memorizados para casos concretos, iria bastar-lhe, a partir dos sintomas típicos, identificar uma patologia registrada e encontrar, em sua memória, em um tratado ou em um banco de dados, as indicações terapêuticas. As competências clínicas de um médico vão muito além de uma memorização precisa e de uma lembrança oportuna de teorias pertinentes. Nos casos em que a situação sair da rotina, o médico é exigido a fazer relacionamentos, interpretações, interpolações, inferências, invenções, em suma, complexas operações mentais cuja orquestração só pode construir-se *ao vivo*, em função tanto de seu saber e de sua perícia quanto de sua visão da situação.

> Uma competência nunca é a implementação "racional" pura e simples de conhecimentos, de modelos de ação, de procedimentos. Formar em competências não pode levar a dar as costas à assimilação de conhecimentos, pois a apropriação de numerosos conhecimentos não permite, *ipso facto*, sua mobilização em situações de ação.

O reconhecimento da própria pertinência da nação de competência continua sendo um desafio nas ciências cognitivas, assim como na didática. Alguns pesquisadores preferem *ampliar* a noção de conhecimento sem apelar para outros conceitos. Assim é que as ciências cognitivas têm conseguido, progressivamente, distinguir três tipos de conhecimentos:

- os conhecimentos *declarativos,* os quais descrevem a realidade sob a forma de fatos, leis, constantes ou regularidades;
- os conhecimentos *procedimentais,* os quais descrevem o procedimento a aplicar para obter-se algum tipo de resultado (por exemplo, os conhecimentos metodológicos);

– os conhecimentos *condicionais,* os quais determinam as condições de validade dos conhecimentos procedimentais.

A emergência das duas últimas categorias estaria a sugerir que qualquer ação pode reduzir-se a conhecimentos. Melhor seria, no meu entender, aceitar o fato de que, cedo ou tarde, chega o momento em que o especialista provido com os conhecimentos declarativos, procedimentais e condicionais mais confiáveis e mais aprofundados deve julgar sua *pertinência* em relação à situação e mobilizá-los *com discernimento*. Ora, esse *juízo* ultrapassa a aplicação de uma regra ou de um conhecimento.
Como lembra Pierre Bourdieu:

> "*Toda tentativa para apoiar uma prática no que diz respeito a uma regra explicitamente formulada, seja no campo da arte, da moral, da política, da medicina ou até da ciência (é só pensar nas regras do método), choca-se com a questão das regras que definem a maneira e o momento oportuno* – kairos, *como diziam os Sofistas* – *da aplicação das regras ou, como se diz tão bem, a colocação em prática de um repertório de receitas ou técnicas, em suma, da arte da execução com a qual é inevitavelmente reintroduzido o* habitus" (Bourdieu, 1972, p. 199-200).

Essa *arte da execução* ativa um conjunto de esquemas lógicos de um alto nível de abstração. Porém, se os especialistas não passassem de pessoas ao mesmo tempo inteligentes e eruditas, eles seriam mais *lentos* e, portanto, menos eficazes e menos úteis. Diante de uma situação inédita e complexa, eles desenvolvem determinada estratégia eficaz com *rapidez e segurança maiores* do que uma pessoa que contasse com os mesmos conhecimentos e também fosse "inteligente". A competência do especialista baseia-se, além da inteligência operária, em esquemas heurísticos ou analógicos próprios de seu campo, em processos intuitivos, procedimentos de identificação e resolução de um certo tipo de problemas, que aceleram a mobilização dos conhecimentos pertinentes e subentendem a procura e a elaboração de estratégias de ação apropriadas. Acrescentemos que a perícia supõe também atitudes e posturas mentais, curiosidade, paixão, busca de significado, desejo de tecer laços, relação com o tempo, maneira de unir intuição e razão, cautela e audácia, que nascem tanto da formação como da experiência.

Qual a diferença entre um computador e um campeão de xadrez? O computador pode armazenar em sua memória um grande número de jogos, de situações de jogo e de jogadas eficazes, de regras. Também pode calcular mais rapidamente do que um ser humano, o que lhe permite vencê-lo em todas as situações "clássicas", ou seja, repertoriadas. Em uma situação inédita, entretanto, um grande campeão ainda pode superar a máquina, pois ele lança mão de esquemas heurísticos mais econômicos e mais potentes do que os do computador, principalmente quando recorrem a um pensamento analógico. Da mesma maneira, temos a capacidade de reconhecer em um só olhar uma letra do alfabeto, por mais malformada que seja, tarefa essa para a qual um computador exige uma impressionante potência de cálculo. O desenvolvimento da inteligência artificial consiste precisamente em identificar, codificar os esquemas heurísticos e analógicos dos especialistas humanos, de maneira a poder *simular* seu funcionamento. Por isso, tornou-se cada vez mais difícil vencer o computador em um jogo de xadrez.

A construção de competências, pois, é inseparável da formação de esquemas de *mobilização* dos conhecimentos com discernimento, em tempo real, ao serviço de uma ação eficaz. Ora, os esquemas de mobilização de diversos recursos cognitivos em uma situação de ação complexa desenvolvem-se e estabilizam-se ao sabor da prática. No ser humano, com efeito, os esquemas não podem ser programados por uma intervenção externa. Não existe, a não ser nas novelas de ficção científica, nenhum "transplante de esquemas". O sujeito não pode tampouco construí-los por simples interiorização de um conhecimento procedimental. Os esquemas constroem-se ao sabor de um *treinamento*, de experiências renovadas, ao mesmo tempo redundantes e estruturantes, treinamento esse tanto mais eficaz quando associado a uma postura reflexiva.

CABEÇAS BEM-CHEIAS OU CABEÇAS BEM-FEITAS?

Tal treinamento só é possível se o sujeito tiver o *tempo* de viver as experiências e analisá-las. Por essa razão é impossível, em um número limitado de anos de escolaridade, cobrir programas pletóricos de conhecimentos, senão abrindo mão, em grande medida, da construção de competências. Afinal de contas, conhecimentos e competências são estreitamente complementares, mas pode haver entre eles um *conflito de prioridade*, em particular na divisão do tempo de trabalho na aula:

> "*A construção de uma competência depende do equilíbrio da dosagem entre o trabalho isolado de seus diversos elementos e a integração desses elementos em situação de operacionalização. A dificuldade didática está na gestão, de maneira dialética, dessas duas abordagens. É uma utopia, porém, acreditar que o aprendizado seqüencial de conhecimentos provoca espontaneamente sua integração operacional em uma competência*" (Étienne e Lerouge, 1997, p. 67).

Desenvolver uma competência é assunto da escola? Ou a escola deve limitar-se à transmissão do conhecimento? O debate sobre as competências reanima o eterno debate sobre cabeças bem-feitas ou cabeças bem-cheias. Desde que essa discussão existe, a escola procura seu caminho entre duas visões do currículo:

– uma consiste em percorrer o campo mais amplo possível de conhecimentos, sem preocupar-se com sua mobilização em determinada situação, o que equivale, mais ou menos abertamente, a confiar na formação profissionalizante ou na vida para garantir a construção de competências;
– a outra aceita limitar, de maneira drástica, a quantidade de conhecimentos ensinados e exigidos para exercitar de maneira intensiva, no âmbito escolar, sua mobilização em situação complexa.

A primeira visão parece dominar de modo constante a história da escola obrigatória, em particular no ensino médio, mas o equilíbrio das tendências está flutuando ao longo das décadas. O dilema não pára de ser redescoberto, de ser aparentemente decidido, antes de renascer alguns anos depois, sob outros vocábulos. É um dilema *coletivo*, na medida em que o sistema educacional vive, desde seu nascimento, em tensão entre essas duas lógicas, encarnadas por atores que ocupam posições ritualmente antagônicas no campo cultural. O dilema também pode envolver qualquer um que não se deixe levar por teses extremistas; para entender o mundo e agir sobre ele, não se deve, *ao mesmo tempo*, apropriar-se de conhecimentos profundos e construir competências suscetíveis de mobilizá-los corretamente? A figura do especialista o atesta: ele se define, simultaneamente, como um cientista, um erudito, alguém que "leu todos os livros" e acumulou tesouros de conhecimentos por meio da experiência; alguém que tem intuição, senso clínico, *savoir-faire* e o conjunto das capacidades que permitem antecipar, correr riscos, decidir, em suma, agir em situação de incerteza.

À pergunta: "Conhecimentos profundos ou perícia na implementação?", gostaríamos de responder: *ambos!* O dilema educativo é, sobretudo, uma questão de *prioridade*: sendo impossível fazer tudo, no tempo e no espaço de uma formação profissionalizante inicial ou de uma escolaridade básica, *o que fazer de mais útil?* Quem, a longo prazo, poderia defender conhecimentos absolutamente inúteis para a ação, em seu sentido mais amplo? Inversamente, quem, hoje em dia, poderia continuar defendendo um utilitarismo estreito, limitado a alguns *savoir-faire* elementares? Agir em uma sociedade mutante e complexa é, antes, entender, antecipar, avaliar, enfrentar a realidade com ferramentas intelectuais. *"Nada é tão prático como uma boa teoria"*, dizia Kurt Lewin, um dos fundadores da psicologia social.

Atualmente, o debate escolar deixou de opor os partidários dos trabalhos manuais e os das línguas mortas. Por isso, o enfrentamento sobre as prioridades está entre os mais ferrenhos. A discussão remete para concepções opostas da cultura, com mais ênfase no modo pelo qual nos apropriamos dele! O debate está organizando-se, há alguns anos, em torno da noção de competência e da sua pertinência no ensino geral. A abordagem pelas competências tem-se desenvolvido nos países anglo-saxões e está ganhando espaço no mundo francófono. Na Bélgica, o ensino fundamental e a primeira série do ensino médio referem-se doravante a blocos de competências (Ministério da Educação, 1994). Em Quebec, a abordagem pelas competências norteou uma reforma completa dos programas dos *Colégios de Ensino Geral e Profissionalizante* (CEGEP), que estão situados, na organização norte-americana, entre o liceu e a universidade, a exemplo dos *college* americanos. Ou seja, a abordagem pelas competências não é particular da França, ainda que assuma uma postura hexagonal[*] em torno dos novos programas do colégio, na sua definição francesa. Na verdade, a questão das competências e da relação conhecimentos-competências está no centro de um certo número de reformas curriculares em muitos países, mais especialmente no ensino médio. No ensino fundamental, a formação das competên-

---

[*] N. de T. Nas aulas de geografia, são feitas referências à França como sendo um hexágono.

cias é, em certo sentido, mais evidente e envolve os chamados *"savoir-faire* elementares": ler, escrever, etc. A partir dos oito anos, as disciplinas multiplicam-se, e a problemática conhecimentos-competências aproxima-se do ensino médio.

A IRRESISTÍVEL ASCENSÃO

As competências estão no fundamento da flexibilidade dos sistemas e das relações sociais. Na maioria das sociedades animais, a programação das condutas proíbe qualquer invenção, e a menor perturbação externa pode desorganizar uma colméia, pois ela é organizada como uma máquina de precisão. As sociedades humanas, ao contrário, são *conjuntos vagos* e *ordens negociadas*. Não funcionam como relógios e admitem uma parte importante de desordem e incerteza, o que não é fatal, pois os atores têm, ao mesmo tempo, o desejo e a capacidade de criar algo novo, conforme complexas transações. Portanto, não é anormal que os sistemas educacionais preocupem-se com o desenvolvimento das competências correspondentes.

Ainda assim, essa preocupação não domina constantemente as políticas educacionais e a reflexão sobre os programas. Por que será que vemos atualmente o que Romainville (1996) chama de uma "irresistível ascensão" da noção de competência em educação escolar? Talvez, globalmente, porque as ameaças de desordem e desorganização estão tornando-se cada vez mais vivas nas épocas de mudança e crise.

A explicação mais evidente consiste em invocar uma espécie de *contágio*: como o mundo do trabalho apropriou-se da noção de competência, a escola estaria seguindo seus passos, sob o pretexto de modernizar-se e de inserir-se na corrente dos valores da economia de mercado, como gestão dos recursos humanos, busca da qualidade total, valorização da excelência, exigência de uma maior mobilidade dos trabalhadores e da organização do trabalho. No campo profissional, ninguém contesta que os empíricos devam ser capazes de "fazer coisas difíceis" e que passem por uma formação. A noção de qualificação tem permitido por muito tempo pensar as exigências dos postos de trabalho e as disposições requeridas daqueles que os ocupam. As transformações do trabalho – rumo a uma flexibilidade maior dos procedimentos, dos postos e das estruturas – e a análise ergonômica mais fina dos gestos e das estratégias dos profissionais levaram a enfatizar, para qualificações formais iguais, as *competências* diferenciadas, evolutivas, ligadas à história de vida das pessoas. Já não é suficiente definir qualificações-padrão e, sobre essa base, alocar os indivíduos nos postos de trabalho. O que se quer é *gerenciar competências* (Lévy-Leboyer, 1996), estabelecer tanto balanços individuais como "árvores" de conhecimentos ou competências que representem o potencial coletivo de uma empresa (Authier e Lévy, 1996). No mundo do trabalho, a mudança de vocabulário reflete uma verdadeira mudança de perspectiva e até de paradigma (Stroobants, 1994; Trépos, 1993; Ropé e Tanguy, 1994; Ropé, 1996).

Entende-se, então, por que se fala, nas formações profissionalizantes e de maneira cada vez mais banal, em "referenciais de competências", uma linguagem bastante familiar entre as empresas e os profissionais do ramo. A formação dos docentes orienta-se por esses referenciais e manifesta, com a criação dos IUFM, seu ingresso progressivo – e inacabado – no mundo global das formações profissionalizantes.

As transformações observáveis no marcado de trabalho e nas formações profissionalizantes exercem, provavelmente, certos efeitos sobre a escolaridade fundamental e sobre a concepção da cultura geral ali prevalecente. No entanto, isso não basta para explicar o uso crescente da noção de competências no âmbito da escola obrigatória. Não é tão simples assim a realidade dos movimentos de idéias. Essa moda simultânea da mesma palavra em campos variados esconde interesses parcialmente diferentes.

O sistema educacional tem sido construído sempre "a partir de cima": as universidades e as grandes escolas é que definem o horizonte dos liceus, enquanto estes determinam as finalidades dos colégios, os quais, por sua vez, fixam as exigências para a escola primária.* Ora, embora não desprezem as competências, em particular nos campos onde elas assumem abertamente uma missão de formação profissionalizante, as universidades não lhes conferem um estatuto dos mais prestigiosos. Ao contrário, pode-se dizer que, mesmo quando formam competências, elas têm o pudor de não designá-las e preferem enfatizar o saber erudito, teórico e metodológico. Raramente se vêem documentados os objetivos de uma formação universitária e, menos ainda, formulados na linguagem das competências. Ou seja, não são em absoluto as universidades que incentivam o ensino médio a reformular seus programas em termos de competências. Ao contrário, dos meios universitários tradicionais é que surgem as críticas mais categóricas do que poderia desviar a escola obrigatória da transmissão intensiva do conhecimento. Mesmo quando a preocupação é com a "formação da mente", prevalece a idéia de que basta um comércio intensivo e crítico dos conhecimentos e dos textos.

Se a universidade não induz a uma abordagem pelas competências no ensino médio, será que podemos dizer que, nessa matéria, a escola obrigatória sofre antes a influência das formações profissionalizantes que a seguem? Talvez a atenção dada às competências possa levar os meios econômicos a encorajarem a escola obrigatória a dirigir sua ação na mesma direção. Sua influência, porém, não é recente, nem absoluta. Ela não basta para explicar a moda da noção da competência no campo pedagógico.

> E então, o que está ocorrendo? Absolutamente nada de novo: em uma linguagem mais moderna, a atual problemática das competências está reanimando um debate tão antigo como a escola, que opõe os defensores de uma cultura gratuita e os partidários do utilitarismo, seja este de esquerda ou de direita.

Entre os adultos que aderem à idéia de que a escola serve para aprender "coisas diretamente úteis à vida", encontram-se, sem surpresa, os fortemente engajados na indústria e nos negócios, enquanto os que trabalham e encontram suas identidades em atividades relacionadas ao ser humano (na função pública, na arte ou na pesquisa) defendem uma visão mais ampla da escolaridade. Não se pode, no entanto, redu-

---

*N. de T. Essas denominações referem-se ao sistema educacional francês. Ver esquema da página 18.

zir o campo dos "utilitaristas" àqueles que se preocupam com o trabalho e com as forças produtivas. Os movimentos de escola nova e pedagogia ativa (por exemplo, o Grupo Francês de Educação Nova, 1996) juntam-se ao mundo do trabalho na defesa de uma escolaridade que permita a *apreensão da realidade*. Apesar das diferenças ideológicas, eles estão unidos por uma tese: para que serve ir à escola, se não se adquire nela os meios para *agir no e sobre o mundo*? Essa insólita aliança pára aí: enquanto há aqueles que falam na necessidade de adaptação à concorrência econômica e à modernização do aparelho de produção, outros falam em autonomia e democracia. Ainda assim, o sistema de ensino está preso, desde o surgimento da forma escolar, a uma *tensão* entre os que querem transmitir a cultura e os conhecimentos por si e os que querem, nem que seja em visões contraditórias, ligá-los muito rapidamente a *práticas sociais*.

Conservadores e inovadores, defensores das elites ou da democracia: nenhum desses "campos" é totalmente homogêneo. Pode-se imaginar dois professores com a mesma idade, com a mesma origem social, ministrando a mesma disciplina em salas de aulas vizinhas, igualmente engajados na luta democrática, em que um pensa, com toda boa-fé, que a liberação do homem passa pela cultura mais desinteressada, e o outro, que ela exige ferramentas para a luta diária no trabalho e na cidade. Sendo professores de francês, um trabalhará com textos clássicos, e o outro, com textos publicitários, contratos ou panfletos. Sendo biólogos, um se interessará pela origem da vida e das espécies, e o outro tratará da Aids ou das manipulações genéticas.

Seria muito restritivo fazer do interesse do mundo escolar pelas competências o simples sinal de sua dependência em relação à política econômica. Há antes uma junção entre um *movimento a partir dentro* e um *apelo de fora*. Um e outro nutrem-se de uma forma de dúvida sobre a capacidade do sistema educacional para tornar as novas gerações aptas a enfrentarem o mundo de hoje e o de amanhã.

UMA POSSÍVEL RESPOSTA À CRISE DA ESCOLA?

Dentro do sistema educacional, está-se tomando consciência do fato de que a explosão dos orçamentos e a inflação dos programas não foram acompanhados por uma elevação proporcional dos níveis reais de formação. A procura pela escola está crescendo, mas a formação não evolui no mesmo ritmo. O nível está subindo (Baudelot e Establet, 1989), mas será que está subindo com a velocidade necessária? As esperanças suscitadas pela democratização do ensino foram decepcionantes: um número cada vez maior de jovens adquire maior escolaridade, mas eles serão mais tolerantes, mais responsáveis, mais capazes do que seus predecessores para agir e para viver em sociedade? E o que dizer dos que, apesar das políticas ambiciosas, ainda saem da escola sem nenhuma qualificação, quando não analfabetos (Bentolila, 1996), dos que o fracasso escolar convenceu de sua indignidade cultural e prometeu à miséria do mundo, ao desemprego ou aos subempregos, em uma sociedade dual?

Em cada sociedade desenvolvida, a opinião púbica e a classe política não estão mais dispostas a somente apoiar o crescimento sem fim dos orçamentos da educação, mas também exigem a prestação de contas, querem uma escola mais eficaz, que prepare melhor para a vida sem, por isso, custar mais caro. A corrida aos diplomas perde sua pertinência junto com a desvalorização dos títulos e a rarefação dos empregos, mas abandoná-la levaria a correr riscos ainda maiores. A armadilha escolar (Berthelot, 1983) fechou-se sobre quase todas as famílias. Os adultos exercem uma pressão constante sobre os jovens, os quais acreditam cada vez menos que o sucesso escolar irá protegê-los das dificuldades da existência. Assim, pede-se à escola que instrua uma juventude cuja adesão ao projeto de escolarização não está mais garantida.

O desenvolvimento mais metódico de competências desde a escola pode parecer uma via para sair da crise do sistema educacional. Entretanto, seria absurdo agir como se esse conceito e o problema fossem novos. Na escola, ao menos nas carreiras nobres, tratou-se sempre de desenvolver as "faculdades gerais" ou o "pensamento", além da assimilação dos conhecimentos. A abordagem dita "por competências" não faz senão acentuar essa orientação. Se tal preocupação tornou-se uma palavra de ordem para os sistemas educacionais na última década do século XX, isso não se deve a uma nova utopia: a evolução do mundo, das fronteiras, das tecnologias, dos estilos de vida requer uma flexibilidade e criatividade crescentes dos seres humanos, no trabalho e na cidade. Nessa perspectiva, confere-se ocasionalmente à escola a missão prioritária de *desenvolver a inteligência* como capacidade multiforme de adaptação às diferenças e às mudanças. O acento dado às competências não chega tão longe. Não é uma extensão furtiva dos programas de educação cognitiva que se interessam pelos alunos com grande dificuldade de desenvolvimento intelectual e de aprendizado. A abordagem por competências não rejeita nem os conteúdos, nem as disciplinas, mas sim acentua sua implementação.

Aceitar uma abordagem por competências é, portanto, uma questão ao mesmo tempo de *continuidade* – pois a escola jamais pretendeu querer outra coisa – e de mudança, de *ruptura* até – pois as rotinas pedagógicas e didáticas, as compartimentações disciplinares, segmentação do currículo, o peso da avaliação e da seleção, as imposições da organização escolar, a necessidade de tornar rotineiros o ofício de professor e o ofício de aluno têm levado a pedagogias e didáticas que, às vezes, não contribuem muito para construir competências, mas apenas para obter aprovação em exames... Desse modo, a inovação consistiria não em fazer emergir a idéia de competência na escola, mas sim em aceitar "*todo programa orientado pelo desenvolvimento de competências, as quais têm um poder de gerenciamento sobre os conhecimentos disciplinares*" (Tardif, 1996, p. 45). Citando Pierre Gillet, Tardif propõe que a competência seja "*o mestre de obra no planejamento e na organização da formação*" (*ibid.*, p. 38) ou afirma que "*a competência deve constituir-se em um dos princípios organizadores da formação*" (*ibid.*, p. 35). Essas teses, avançadas para a formação profissionalizante, deveriam também, para não usar palavras vazias, ser a fonte de uma formação dirigida para a aquisição de competências desde a escola e o colégio.

Essa orientação vai revelar-se fundada ou não passará de mais uma miragem? É difícil dizê-lo. A história da escola está marcada por momentos de "pensamento mágico" em que cada um quer acreditar que, mudando-se as palavras, a vida também muda. Por ora, a abordagem por competências agita, antes de tudo, o mundo dos que concebem ou debatem programas. Só preocupará os professores, se os textos oficiais *impuserem-lhes* uma abordagem por competências de maneira precisa o bastante para tornar-se incontornável e obrigatória para a sua prática de ensino e avaliação na sala de aula. Essa abordagem corre o risco de uma vigorosa rejeição por parte dos docentes, que não verão seus fundamentos e seu interesse ou, quando apreenderem suas intenções e conseqüências, não aderirão a ela, por boas ou más razões.

Como de costume, os que defendem uma nova orientação dos programas não têm como demonstrar o valor incontestável da mudança que estão propondo. Quando a pesquisa em ciências humanas estiver mais avançada, as coisas ficarão mas claras. Atualmente, não se pode afirmar que estamos trabalhando em bases firmes. Não é confortável, mas pior ainda seria negá-lo e agir como se soubéssemos como se formam as mentes e as competências fundamentais. A reforma do ensino e o atual debate sobre a escola levam a questões teóricas de fundo, notadamente sobre a natureza e a gênese da capacidade do ser humano de enfrentar situações inéditas, para dar-lhes um significado e para agir com discernimento. Nada mais normal, então, que se enfrentem concepções diversas e divergentes do aprendizado e da cultura, sendo que nenhuma delas dispõe dos meios para impor-se de maneira puramente racional, no estágio atual da pesquisa.

Paralelamente a esse debate de fundo, convém medir as implicações de uma abordagem por competências para a totalidade do funcionamento pedagógico e didático. Esse debate leva-nos ao centro das contradições da escola, que oscila entre dois *paradigmas* – ensinar conhecimentos ou desenvolver competências –, entre uma abordagem "clássica", que privilegia aulas e temas, manuais e provas, e uma abordagem mais inspirada nas novas pedagogias e nas formações de adultos.

Tentei anteriormente demonstrar que:

- a escola continua pensando os aprendizados em termos de conhecimentos por ser o que melhor domina;
- a escola teme a abordagem por competências por causa dos questionamentos a respeito da transposição, do planejamento, dos contratos didáticos tais como costumam funcionar;
- é mais fácil avaliar os conhecimentos de um aluno do que suas competências, pois, para apreendê-las, deve-se observá-lo lidando com tarefas complexas, o que exige tempo e abre o caminho à contestação;
- sempre existem muitos "conformistas" para atacar, em nome da cultura, toda e qualquer tentativa de distanciar-se das pedagogias do saber; a implementação de dispositivos construtores de competências é apresentada como a garantia de uma "queda do nível";

– as didáticas das disciplinas mal-entendidas podem reforçar o estatuto dominante dos conhecimentos eruditos no imaginário pedagógico, pois os trabalhos concernem, essencialmente, aos saberes (Perrenoud, 1995b).

Este livro estende tal reflexão às ambivalências da escola, em vários capítulos curtos, que fazem outras tantas interrogações.

PLANO DA OBRA

O Capítulo 1 procura delinear a própria noção de competência, esse *estranho atrativo*, segundo a expressão de Le Boterf (1994). Tal expressão designa um importante componente do capital que permite enfrentar a realidade; porém, há uma certa dificuldade para concebermos a exata natureza do processo de mobilização de nossos recursos cognitivos.

O Capítulo 2 examina a espinhosa questão da formação de competências na escolaridade geral. Embora seja evidente que competências são construídas na formação profissionalizante, pois refere-se a um ofício, quais são as situações e as práticas referenciais na escola primária, no colégio e no liceu? Como formular programas e objetivos em termos de competências? Em que pontos ambos podem articular-se com as disciplinas e os conhecimentos?

O Capítulo 3 volta-se para os professores e procura explicitar as incidências de uma abordagem por competências sobre seu ofício e suas próprias competências profissionais. Com efeito, tal abordagem convida-os a considerar os conhecimentos como ferramentas a serem mobilizadas conforme as necessidades, a trabalhar regularmente com situações-problema, a criar ou utilizar outros meios de ensino, a negociar e conduzir projetos com seus alunos, a adotar um planejamento flexível e indicativo, a improvisar, a implementar e explicitar um novo contrato didático, a praticar uma avaliação formadora, em uma situação de trabalho, a alcançar uma compartimentação disciplinar menor. Aborda, ainda, outros tantos passos rumo a um "ofício novo" (Meirieu, 1990b; Étienne e Lerouge, 1997; Altet, 1994; Paquay *et al.*, 1996; Perrenoud, 1994, 1996c). Essa perspectiva assusta, com razão, todos aqueles que acreditam que ensinar consiste, antes de tudo, em transmitir, de modo ordenado, conhecimentos eruditos bem-dominados. Também é importante levar em consideração as resistências dos alunos diante de qualquer transformação considerável de seu *ofício*. Para desenvolver suas competências, o aluno deve trabalhar mais, correr novos riscos, cooperar, projetar-se e questionar-se. Os alunos e seus pais resistem, às vezes, tanto quanto os professores.

O Capítulo 4 estabelece uma conexão entre a abordagem por competências e a luta contra as desigualdades por meio de pedagogias diferenciadas. Procurarei mostrar a inutilidade de criarem-se grandes esperanças sobre uma abordagem por competências se, paralelamente a isso, não se mudar a relação com a cultura geral, se não houver a reconstrução de uma transposição didática, ao mesmo tempo realista e

18 Philippe Perrenoud

visionária, se persistir a expectativa de que um ciclo de estudo prepare, antes de tudo, para o ciclo seguinte, se não forem inventados novos modos de avaliação, se o fracasso for negado para construir a seqüência do currículo sobre a areia, se a ação pedagógica não for diferenciada, se a formação dos professores não for modificada, em suma, se o modo de ensinar e fazer aprender não for radicalmente alterado.

Fica clara a dimensão da mutação a ser empreendida. A *conclusão* gera, inevitavelmente, o problema das estratégias de mudança.

Os sistemas brasileiro e francês de educação: equivalência de níveis

Fonte: adaptado por Magda Soares. Apresentação à Edição Brasileira do livro *Ler e escrever: entrando no mundo da escrita,* de Chartier, A-M.; Clesse, C.; Hébrard, J. Porto Alegre: Artes Médicas Sul, 1996.

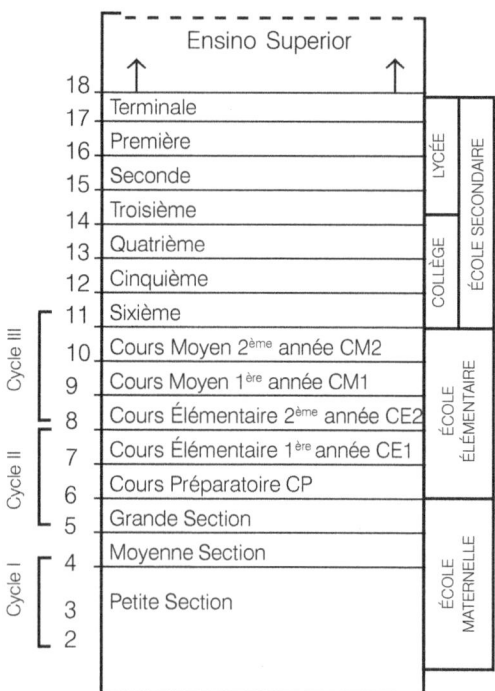

* Refere-se aos cursos técnicos de nível médio.

1
A noção de competência

Não existe uma definição clara e partilhada das competências. A palavra tem muitos significados, e ninguém pode pretender dar *a definição*. O que fazer, então? Resignar-se à Torre de Babel? Procurar identificar o significado mais comum em uma instituição ou em um meio profissional? Avançar e conservar uma definição explícita? Adotarei esta última posição, sem, por isso, afastar-me de um dos significados vigentes.

TRÊS PISTAS FALSAS

Primeiro, afastarei três versões aceitáveis da noção de competência, mas que não acrescentam muito para a compreensão dos problemas.

• Fala-se, às vezes, em competências apenas para insistir na necessidade de expressar os *objetivos* de um ensino em termos de condutas ou práticas *observáveis*; ou seja, retoma-se a "tradição" da pedagogia do domínio ou das diversas formas de pedagogia por objetivos. Essas abordagens não estão em absoluto superadas, desde que sejam dominados seus conhecidos excessos: behaviorismo sumário, taxonomias intermináveis, excessivo fracionamento dos objetivos, organização do ensino objetivo por objetivo, etc. (Hameline, 1979; Saint-Onge, 1995). Conhecidos esses limites, hoje não se deveria mais ousar ensinar sem perseguir metas explícitas, comunicáveis aos estudantes, e sem que se avaliem, regularmente, os aprendizes e seu grau de realização. Inicialmente, essa avaliação deve ser feita para fins de regulação (avaliação formativa) e, a seguir, quando não há mais tempo para o ensino-aprendizado, para fins de certificação. Falar a respeito de competência, porém, não acrescenta muita coisa à idéia de objetivo. Pode-se, aliás, ensinar e avaliar por objetivos sem preocupar-se com a transferência dos conhecimentos e, menos ainda, com sua mobilização diante de situações complexas. A assimilação de uma competência a um simples objetivo de aprendizado confunde as coisas e sugere, erradamente, que cada aquisição escolar verificável é uma competência, quando na verdade a pedagogia por objetivos é perfeitamente compatível com um ensino centrado exclusivamente nos conhecimentos.

• Outro significado comum é a oposição existente entre a noção de competência e de *desempenho*: o desempenho observado seria um indicador mais ou menos confiável de uma competência, supostamente mais estável, que é medido indiretamente. É uma acepção desenvolvida tanto na lingüística quanto na psicometria. Sua única virtude é que opõe disposições virtuais à sua atualização, sem nada dizer de sua natureza "ontológica". É salutar no debate sobre a avaliação que se fundamente uma crítica dos exames que julgam o nível de uma pessoa com base em um desempenho pontual, exigido em condições muito particulares. Ninguém se arriscaria a defender uma escola que visasse a desempenhos sem futuro, embora o aprender de cor, rejeitado pela doutrina, seja encorajado na prática. O fato de que a competência, invisível, só possa ser abordada através de desempenhos observáveis não acaba com a questão de sua conceitualização. É verdade que se poderia descrever um conjunto de ações que remetesse para a competência subjacente, sem perguntar como ela funciona. Talvez assim fosse possível nomear, classificar, repertoriar as competências ao acrescentar o verbo "saber" a um verbo que caracterize um conjunto de ações semelhantes: *saber* filmar uma seqüência de vídeo, resolver um conflito, fazer uma partilha eqüitativa, reconhecer um erro, negociar um acordo, descrever um incidente, pôr fim a um relacionamento, preparar uma refeição, etc. Porém, essa forma de *tautologia* não é suficiente, quando se quer formar em tais competências. Precisa-se, então, de um inventário dos recursos mobilizados e de um *modelo teórico* da mobilização. Para isso, é preciso formar uma idéia do que ocorre na *caixa-preta* das operações mentais, mesmo com o risco de que não passem de representações metafóricas no estágio das ciências da mente.

- A terceira concepção clássica considera a competência uma faculdade genérica, uma potencialidade de qualquer mente humana. Para Chomsky (1977), a *competência lingüística* é "uma capacidade de produção infinita", isto é, pronunciar um número infinito de frases diferentes. Se generalizarmos, pode-se dizer que uma competência permite produzir um número infinito de ações não-programadas. Em uma conversa, ninguém sabe, via de regra, que frase enunciará um minuto mais tarde, nem que gesto fará. O indivíduo não tirará nem suas palavras, nem seus atos, de algum repertório predefinido no qual tais elementos poderiam ser procurados. Ele não precisa conservar dentro de si um grande livro contendo todas as frases que talvez precise utilizar "algum dia". Sua imensa capacidade de invenção torna esse repertório inútil. A competência, tal como Chomsky a concebe, seria essa capacidade de continuamente improvisar e inventar algo novo, sem lançar mão de uma lista preestabelecida. Nessa perspectiva, a competência seria uma característica da espécie humana, constituindo-se na capacidade de criar respostas sem tirá-las de um repertório. Existe aqui, no meu entender, uma confusão nos níveis de análise. Os seres humanos certamente têm a faculdade, ancorada em seu patrimônio genético, de construir competências. Contudo, nenhuma competência é estimulada desde o início. As *potencialidades* do sujeito só se transformam em competências efetivas por meio de aprendizados que não intervêm *espontaneamente*, por exemplo, junto com a maturação do sistema nervoso, e que também não se realizam da mesma maneira em cada indivíduo. Cada um deve *aprender* a falar, mesmo sendo geneticamente capaz disso. As competências, no sentido que será aqui utilizado, são *aquisições*, aprendizados construídos, e não virtualidades da espécie.

MOBILIZAR OS RECURSOS: UMA ESTRANHA ALQUIMIA

Conforme Le Boterf (1994, p. 43), pode-se reconhecer que *a alquimia* existente na mobilização "ainda continua amplamente sendo uma *terra incógnita*". Quem aprendeu uma língua estrangeira na escola, por exemplo, tem a experiência da distância entre os conhecimentos lingüísticos acumulados na sala de aula e sua capacidade para mobilizá-los em uma situação de comunicação escrita ou oral. Na escola, passa-se muito tempo aprendendo uma ou mais línguas estrangeiras. Entretanto, o que resta desses esforços, quando um turista perdido interpela-nos ou quando estamos em outro país? E não será por falta de sofrimento com listas de vocabulários, de versões e de traduções. Isso significaria que não se aprendeu nada? Ou que se esqueceu de tudo? Ou, mais simplesmente, que não se *exercitou* de verdade a conversa em uma língua estrangeira, no sentido de um treinamento intensivo na mobilização oportuna do léxico e da sintaxe, de forma correta e em tempo real?

O ensino das línguas estrangeiras tem evoluído para métodos orais, precisamente para superar a conhecida contradição entre o estudo e a prática. Ninguém pode negar que isso seja um progresso. Porém, essa evolução já chegou ao nível do necessário para desenvolver em todos os alunos competências reais de comunicação em uma língua estrangeira? Oito anos de estudo de inglês à razão de quatro horas semanais, 35 semanas por ano, são 140 horas por ano, e um total de 1.120 horas. É um período enorme, dirão os professores de música, que não dispõem sequer da metade desse tempo para iniciar os mesmos alunos à sua arte. Contudo, o que representam 1.120 horas, tão descontínuas e divididas, quando aprendemos a nossa língua materna por um imersão diária, desde o nascimento, em um "banho de língua" tanto mais eficaz que *devemos* comunicar-nos para obter o que queremos, de preferência imediatamente. Uma criança com dois anos de idade, à razão de três a quatro horas de intercâmbios verbais por dia, sete dias por semana, acumula em menos de um ano de sua vida tanto tempo de conversa em sua língua materna quanto um estudante do ensino médio na língua inglesa durante oito anos de escolaridade. O problema foi claramente enunciado para o aprendizado das línguas estrangeiras e tem-se considerado, às vezes, alternativas radicais, por exemplo, estadas lingüísticas intensivas em vez das horas de ensino espalhadas em quase uma década, ou ainda um ensino bilíngüe, em que certas disciplinas científicas ou literárias são ministradas em uma língua estrangeira.

A competência constrói-se com a prática de uma língua estrangeira, na qual se multiplicam as *situações de interação* em uma conjugação feliz, portanto aleatória, da repetição e da variação, graças a um engajamento pessoal em seguidos intercâmbios e um forte desejo de entender e fazer-se entender. Esse exercício enriquece e consolida os conhecimentos sintáticos e lexicais dos falantes. Sobretudo, desenvolve *esque-*

mas que permitem *contextualizá-los* com base no nível de língua, no assunto da conversa, nos interlocutores presentes, na situação de comunicação.

Vejamos outro exemplo. Os novos programas para o ciclo central do ensino médio prescrevem, por exemplo, no capítulo dedicado às ciências da vida e da natureza, o ensino dos seguintes conhecimentos:

> "*Os órgãos efetuam com o sangue trocas que respondem às suas necessidades. Os músculos, ricamente irrigados, retiram do sangue nutrientes e oxigênio e rejeitam dióxido de carbono. As mesmas trocas são efetuadas por todos os órgãos do corpo. O consumo de nutrientes e oxigênio, bem como a rejeição de dióxido de carbono pelos músculos, variam conforme sua atividade*" (Direção dos liceus e colégios, 1997, p. 56-57).

Diante desse conhecimento, os programas situam uma *competência*: "Ligar o aumento das freqüências cardíacas e respiratórias ao aumento das necessidades dos músculos durante um esforço físico". Tal formulação ilustra toda a ambigüidade da noção de competência nesses programas. Conforme a maneira de entendê-la, pode-se ver um simples corolário da teoria principal, um conhecimento declarativo a ser ensinado como tal. Assim é que Michel Develay propõe que os alunos, a partir do desenvolvimento de uma atividade esportiva, sejam solicitados a *explicar a aceleração do ritmo cardíaco e respiratório*, o que deveria (se assimilaram os conhecimentos pertinentes) levá-los a ligar essa aceleração ao aumento das necessidades dos músculos durante um esforço físico. Além da explicação, seriam convidados em seguida, por exemplo, a conceber e realizar uma manipulação que evidenciasse a absorção maior de oxigênio e a rejeição maior de dióxido de carbono por um músculo em plena atividade. Observa-se, então, a articulação conhecimentos-competências, sendo que os primeiros são indispensáveis para a inteligibilidade das observações e para a construção de hipóteses. Porém, sua mobilização não é espontânea e nasce de um treinamento tão intensivo como a comunicação em uma língua estrangeira, embora seja, nas ciências, de outra natureza e mais limitado por métodos experimentais. Observa-se, também, que a escola sempre tende a organizar os programas por campos nocionais ou teóricos, o que, inevitavelmente, confere às competências propostas *diante dos conhecimentos* um estatuto próximo dos exemplos e das ilustrações mais ligados à tradição pedagógica. Construir uma competência significa aprender a identificar e a encontrar os conhecimentos pertinentes. Estando já presentes, organizados e designados pelo contexto, fica escamoteada essa parte essencial da transferência e da mobilização.

Há um outro exemplo, dessa vez em francês. Os programas da primeira série do ensino médio prescrevem o ensino de elementos de gramática da frase, do texto e do discurso enunciados: "*Conhecer a função dos sinais de pontuação, estudar as formas de conetivos espaço-temporais, definir os componentes de uma situação de enunciação*". Novamente, esses conhecimentos, indispensáveis para a construção de competências, não podem ser mobilizados de maneira automática. Para torná-los, de alguma maneira, "operatórios", o ensino deveria propor múltiplas situações nas quais serão recursos, em primeiro lugar, necessários para o sucesso da tarefa e que, em segundo lugar, não são designados pelas instruções. Por exemplo, a partir de um corpo de breves trechos (alguns parágrafos) fora de seu contexto e sem nenhuma indicação sobre seu autor, título, destinatário, tipo de texto (narrativo, teórico, etc.), a tarefa consistiria em elaborar e justificar hipóteses sobre o estatuto do enunciado. O que, então, era um conhecimento declarativo, por exemplo, a correlação entre um tipo de texto e certos conetivos ou organizadores textuais, iria tornar-se uma *ferramenta*, permitindo identificar as diferenças significativas e guiar uma classificação.

Se tais atividades multiplicarem-se, contribuirão para implementar verdadeiros esquemas de mobilização dos conhecimentos. Se forem mais ocasionais, permitirão ver um modo possível de mobilização, sem formar realmente competências, talvez induzindo uma outra *relação com o saber*, ao incitar os alunos a adotarem uma postura ativa, a considerarem os conhecimentos como chaves para fechaduras desconhecidas, cuja descoberta pode ser esperada um dia ou outro.

ESQUEMAS E COMPETÊNCIAS

Só há competência estabilizada quando a mobilização dos conhecimentos supera o tatear reflexivo ao alcance de cada um e aciona esquemas constituídos. Examinemos, pois, essa noção, ao mesmo tempo intuitiva e complexa, onipresente na obra de Jean Piaget, retomada atualmente tanto na pesquisa sobre as competências como na didática, por exemplo, por Vergnaud (1990, 1994) a respeito dos campos conceituais.

Ocasionalmente, associam-se os *esquemas* a simples hábitos. De fato, os hábitos são esquemas, simples e rígidos, porém nem todo esquema é um hábito. Em sua concepção piagetiana, o esquema, como *estrutura invariante de uma operação ou de uma ação*, não condena a uma repetição idêntica. Ao contrário, permite, por meio de *acomodações menores*, enfrentar uma variedade de situações de estrutura igual. É, em certo sentido, uma *trama* da qual nos afastamos para levar em conta a singularidade de cada situação. Assim, um esquema elementar, tal como "beber em um copo", ajusta-se a copos de formas, pesos, volumes e conteúdos diferentes. Dois exemplos menos elementares mostram que o esquema é uma ferramenta flexível:

• Estando identificados dois números, o sujeito que deseja, por alguma razão, calcular a diferença entre eles ativa o esquema da subtração; observa-se claramente que esse esquema pressupõe a construção de um conceito e sucede raciocínios que tornam pertinente uma subtração.

• "Desmarcar-se", em um campo de futebol, é um esquema no qual, independentemente da configuração do jogo e do campo, o jogador consegue fazer-se esquecer pelos designados para "marcá-lo" e achar a falha no dispositivo do adversário.

Tais esquemas são adquiridos pela prática, o que não quer dizer que não se apóiem em nenhuma teoria. Conservam-se, assim como todos os outros, *no estado prático*, sem que o sujeito que o carrega tenha, necessariamente, uma consciência precisa de sua existência e, menos ainda, de seu funcionamento ou de sua gênese.

Ao nascermos, dispomos de alguns poucos esquemas hereditários e, a partir destes, construímos outros de maneira contínua. O conjunto dos esquemas constituídos em dado momento de nossa vida forma o que os sociólogos, como Bourdieu, chamam de *habitus*, definido como um "*pequeno lote de esquemas que permitem gerar uma infinidade de práticas adaptadas a situações sempre renovadas, sem jamais se constituir em princípios explícitos*" (Bourdieu, 1972, p. 209) ou, ainda, um "*sistema de disposições duráveis e transponíveis que, integrando todas as experiências passadas, funciona a cada momento como uma matriz de percepções, apreciações e ações e torna possível a execução de tarefas infinitamente diferenciadas, graças às transferências analógicas de esquemas que permitem resolver os problemas da mesma forma*" (ibid., p. 178-179).

Esses esquemas permitem-nos mobilizar conhecimentos, métodos, informações e regras para enfrentar uma situação, pois tal mobilização exige uma série de operações mentais de alto nível.

Uma competência seria, então, um simples esquema? Eu diria que antes ela *orquestra* um conjunto de esquemas. Um esquema é uma *totalidade constituída*, que sustenta uma ação ou operação única, enquanto uma competência com uma certa complexidade envolve diversos esquemas de percepção, pensamento, avaliação e ação, que suportam inferências, antecipações, transposições analógicas, generalizações, apreciação de probabilidades, estabelecimento de um diagnóstico a partir de um conjunto de índices, busca da informações pertinentes, formação de uma decisão, etc. No futebol, a competência do centroavante que imobiliza um contra-ataque está em desmarcar-se e também em pedir para que lhe passem a bola, em antecipar os movimentos da defesa, em ter cuidado com o impedimento, em ver a posição dos parceiros, em observar a atitude do goleiro adversário, em avaliar a distância até o gol, em imaginar uma estratégia para passar pela defesa, em localizar o árbitro, etc. Outros tantos esquemas podem ser trabalhados separadamente, no treino, mas um ataque eficaz dependerá da sua orquestração.

No estágio de sua gênese, uma competência passa por raciocínios explícitos, decisões conscientes, inferências e hesitações, ensaios e erros. Esse funcionamento pode *automatizar-se* gradativamente e constituir-se, por sua vez, em um esquema complexo, em um novo componente estável desse "inconsciente prático" do qual fala Jean Piaget.

Jean-Yves Rochex mostra como esses encadeamentos sucessivos funcionam:

"*Somente após terem sido aprendidos e serem formados e exercitados como uma ação submetida à sua própria meta é que os modos operatórios podem entrar em ações mais complexas, servir metas mais amplas, das quais se tornam meios. Ao 'rotinizarem-se' e automatizarem-se, as ações tornam-se operações,* savoir-faire *e hábitos, saindo da esfera dos processos conscientizados, porém, ao mesmo tempo, suscetíveis de tornarem-se novamente o objeto de processos conscientes, em particular quando a ação na qual entram tais operações e* savoir-faire *'rotinizados' depara-se com dificuldades ou obstáculos imprevistos. O domínio dos pro-*

cedimentos operatórios, a transformação da ação em operações e savoir-faire rotinizados, ampliando o campo dos possíveis, permitem o desenvolvimento da atividade, e o sujeito torna-se, então, apto para traçar-se novas metas, de um grau superior. Assim, a meta da ação inicial torna-se uma das condições, um dos meios requeridos pela realização dessas novas metas" (Rochex, 1995, p. 44).

Desse modo, os esquemas complexos podem ser montagens de esquemas mais simples, e assim por diante, em um sistema de *bonecas russas*.* Para chegar à tamanha automatização de funcionamentos cognitivos complexos, é preciso uma fortíssima redundância de situações semelhantes. Embora compatíveis com uma automatização total ou parcial, as competências não a tornam obrigatória.

ESQUEMAS CONSTITUÍDOS E CONDUTAS DE PESQUISA

Ligar o desconhecido ao conhecido, o inédito ao já visto, está na base de nossa relação cognitiva com o mundo; porém, a diferença está em que, às vezes, a assimilação ocorre instantaneamente, a ponto de parecer confundir-se com a própria percepção da situação e, outras vezes, precisa-se de *tempo* e de *esforços*, ou seja, de um trabalho mental, para apreender uma nova realidade e reduzi-la, ao menos em certos aspectos e de maneira aproximativa, a problemas que se sabe resolver. É útil distinguir:

– por um lado, casos nos quais não é observada quase nenhuma defasagem entre o momento em que se apresenta a situação e o momento em que o sujeito reage; isso não significa que não haja nenhuma mobilização, mas sim que ela é quase *instantânea*; a competência assume, portanto, a aparência de um complexo esquema *estabilizado*;
– por outro lado, situações nas quais essa mobilização não é evidente, não é rotinizada, requerem uma reflexão, uma deliberação interna, uma consulta até de referência ou de pessoas-recursos.

Pode-se, é claro, detectar situações intermediárias, cuja deliberação rápida e segura permanece perceptível tanto pelo ator como pelo observador:

"*É interessante o conceito de esquema para uma ou outra classes de situações, porém ele não funciona da mesma maneira nos dois casos. No primeiro, observa-se uma mesma classe de situações, condutas largamente automatizadas, organizadas por um esquema único; no segundo, observa-se a ativação sucessiva de vários esquemas, que podem entrar em competição e que, para chegar à solução procurada, devem ser acomodados, descombinados e recombinados; esse processo é necessariamente acompanhado por descobertas*" (Vergnaud, 1990).

---

*N. de T. Bonecas artesanais, de diferentes tamanhos e que são encaixadas uma dentro das outras.

Um especialista (Bastien, 1997) é competente porque *simultaneamente:*

- domina, com muita rapidez e segurança, as situações mais comuns, por ter à sua disposições esquemas complexos que podem entrar imediata e automaticamente em ação, sem vacilação ou reflexão real;
- é capaz de, com um esforço razoável de reflexão, coordenar e diferenciar *rapidamente* seus esquemas de ação e seus conhecimentos para enfrentar situações inéditas.

De que modo um sujeito desenvolve respostas originais e eficazes para problemas novos? O *habitus* permite enfrentar variações menores com uma certa eficácia, à custa de uma acomodação integrada à ação, sem tomada de consciência nem reflexão. Isso ocorre com um simples ajuste prático do esquema à singularidade da situação. Quando esta última afasta-se por demais do que for dominável, com a simples acomodação dos esquemas constituídos, há uma tomada de consciência, ao mesmo tempo, do *obstáculo* e dos *limites* dos conhecimentos e dos esquemas disponíveis, ou seja, a passagem para um funcionamento reflexivo. Nasce, então, um *processo de procura* que culmina, na melhor das hipóteses, em uma ação original por sucessivas aproximações, recorrendo-se até à teoria e ao cálculo formal.

Esse trabalho de reflexão, que está no centro das competências mais valorizadas, também depende do *habitus*, na medida em que o controle reflexivo da ação, a conscientização e o pensamento formal passam pela implementação de esquemas de pensamento, avaliação e julgamento. Trata-se, portanto, dos esquemas mais *gerais* do sujeito, que permitem a abstração, o relacionamento, a comparação, o raciocínio, a conceitualização; em outras palavras, os esquemas que constituem a *lógica natural* ou a inteligência do sujeito.

Existe a tentação de reservar a noção de competência para as ações que exigem um funcionamento reflexivo mínimo, que são ativadas somente quando o ator pergunta a si mesmo, com uma maior ou menor confusão: O que está ocorrendo? Por que estou em situação de fracasso? O que fazer? Já vivi uma situação comparável? O que eu fiz naquela ocasião e por quê? A mesma resposta seria adequada hoje? Em que pontos deverei adaptar minha ação?

A partir do momento em que ele fizer "o que deve ser feito" sem sequer pensar, pois já o fez, não se fala mais em competências, mas sim em habilidades ou hábitos. No meu entender, estes últimos *fazem parte da competência*. Um comandante de bordo não se torna menos competente, quando passa para o "piloto automático". Basta surgir um evento imprevisto para que ele retome o controle e o funcionamento reflexivo volte ao primeiro plano. O piloto automático nem sempre é um dispositivo tecnológico. Um equivalente está presente em toda prática especializada. *Por* ser muito competente é que um especialista pode resolver rapidamente certos problemas simples, sem precisar pensar, integrando de forma ágil uma impressionante série de parâmetros. Seria paradoxal que a competência aparentasse desaparecer no momento exato em que alcança sua máxima eficácia. Para convencer-se disso, basta substituir na mesma situação o especialista por um novato: "*Quanto mais especialista, menor o raciocínio e maior o apelo para conhecimentos pertinentes e funcionalmente estruturados*" (Bastien, 1997, p. 8).

COMPETÊNCIAS, *SAVOIR-FAIRE*, RECURSOS

Em contextos diversos, competência e *savoir-faire* parecem ser noções intercambiáveis. A noção de *savoir-faire* é bastante ambígua. Conforme o locutor e o texto, ela designa:

- ora uma representação *procedimental*, um esquema da ordem da representação, um "saber-fazer";
- ora um *savoir y faire*,* um esquema com uma certa complexidade, existindo no estado prático, que procede em geral de um treinamento intensivo, à maneira do patinador, do virtuoso, do artesão, cujos gestos tornaram-se "uma segunda natureza" e fundiram-se no *habitus*;
- ora uma competência *elementar*, ou uma parte da ação manual.

Optarei pela segunda designação (o *savoir y faire*), com três conseqüências:

• Um *savoir-faire* já existe no estado prático, sem estar sempre ou imediatamente associado a um conhecimento procedimental. No entanto, se corresponder a um conhecimento procedimental, poderá gerar, por automatização, uma simplificação e um enriquecimento progressivos. Inversamente, um procedimento pode resultar da codificação de um saber-fazer preexistente no estado prático.

• Todo *savoir-faire* é uma competência; porém, uma competência pode ser mais complexa, aberta, flexível do que um saber-fazer e estar mais articulada com conhecimentos teóricos.

• Um *savoir-faire* pode funcionar como recurso mobilizável por uma ou mais competências de nível mais alto.

Le Boterf (1994, 1997), que desenvolveu a idéia fundamental de *mobilização*, arrisca confundir todas as cartas ao definir a competência como um "*saber-mobilizar*". É uma bela imagem, que alimenta, entretanto, um risco de confusão, na medida em que a mobilização de recursos cognitivos não é a expressão de um saber-fazer específico, que seria chamado de "saber-mobilizar", e, menos ainda, de um "procedimento de mobilização" codificado. No processamento de uma situação complexa, talvez a mobilização de diversos recursos cognitivos não seja uma invenção totalmente espontânea e original, pois ela passa por uma série de operações mentais que

---

*N. de R. T. Esta expressão refere-se ao "saber-fazer" em determinada situação.

atualizam esquemas e, às vezes, aplicam métodos. A "gestão mental", a "programação neurolingüística" (PNL) e os diversos métodos de educação pretendem, justamente, ajudar o sujeito a tomar consciência de seus mecanismos de pensamento, para dominá-los melhor. Contudo, não existe nenhum "saber-fazer" universal, que operaria em toda situação e que poderia ser aplicado a quaisquer recursos cognitivos, ou, então, ele se confunde com a inteligência do sujeito e sua busca de significado.

Uma competência pressupõe a existência de *recursos mobilizáveis*, mas não se confunde com eles, pois *acrescenta-se* aos mesmos ao assumir sua postura em sinergia com vistas a uma ação eficaz em determinada situação complexa. Ela acrescenta o *valor de uso* dos recursos mobilizados, assim como uma receita culinária engrandece seus ingredientes, pois ordena-os, relaciona-os, funde-os em uma totalidade mais rica do que sua simples união aditiva.

Nenhum recurso pertence, com exclusividade, a uma competência, na medida em que pode ser mobilizado por outras. Dessa forma, a maioria de nossos conceitos é utilizável em muitos contextos e está a serviço de muitas intenções diferentes. Ocorre o mesmo com parte de nossos conhecimentos, nossos esquemas de percepção, de avaliação e de raciocínio.

> Uma competência pode funcionar como um recurso, mobilizável por competências mais amplas. Assim, para chegarmos a um meio-termo, identificarmos uma expectativa, encontrarmos um ponto de entrada no sistema de pensamento de um interlocutor ou percebermos suas intenções, mobilizamos uma competência mais "estreita", que pode ser chamada de "saber escutar um interlocutor ativamente e com empatia". Por sua vez, essa competência mobiliza outras ainda mais específicas, por exemplo, "saber colocar uma boa pergunta". Esse encaixe de *bonecas russas* dificulta particularmente a construção de listas fechadas – ou "blocos" – de competências, obstáculo esse que voltaremos a encontrar a propósito dos programas escolares. Por ora, insistamos nessa *dupla face* de toda competência, que pode, conforme o momento, mobilizar recursos ou funcionar como recurso em proveito de uma competência mais ampla.

Resta representar, com maior precisão, a maneira pela qual a mente mobiliza os recursos, aqui entendidos como recursos cognitivos *internos*, e não como meios materiais ou institucionais.

ANALOGIAS E CONJUNTOS DE SITUAÇÕES

Existiriam, então, tantas competências quantas situações? A vida coloca-nos, com maior ou menor freqüência, conforme nossa idade e condição e, também, em virtude de nossas escolhas, frente a situações novas, que procuramos dominar sem reinventar completamente a pólvora, lançando mão de nossas aquisições e experiência, entre a inovação e a repetição. Boa parte de nossas condições de existência é desse tipo. Com efeito, nossa vida não é tão estereotipada para que, a cada dia, tenhamos exatamente os mesmos gestos para fazer, as mesmas decisões para tomar, os mesmos problemas para resolver. Ao mesmo tempo, não é tão anárquica ou mutante que devamos, constantemente, reinventar tudo. A vida humana encontra um equilíbrio, o qual varia de uma pessoa ou fase do ciclo de vida para outra, entre as respostas rotineiras para situações semelhantes e as respostas a serem construídas para enfrentar obstáculos novos.

Rey (1996) propõe uma síntese da literatura e dos conceitos ligados às competências transversais... para concluir que *toda competência é transversal*. Na verdade, ele está jogando com as palavras, pois não se trata mais de atravessar ou de ligar disciplinas, mas sim de convergir para múltiplas situações analógicas, porém não idênticas. Associo-me a essa última tese: as competências são interessantes, pois permitem enfrentar conjuntos de situações.

Será que podemos imaginar uma competência desenvolvida para responder a uma situação única? Num primeiro instante, não parece fazer sentido. De que serviria uma competência que funcionasse apenas uma vez, à maneira de um barbeador ou lenço descartáveis? Acontece, porém, que encontramos na vida situações tão originais – para nós! – que não fazem parte de nenhum conjunto conhecido, nem de perto, nem de longe. Ficamos condenados, então, ora a *construir*, o quanto antes, uma nova competência, ora a desistir de dominar a situação. Se podemos construir uma competência a partir de uma situação única, é por que ela é *crucial* e impõe um aprendizado acelerado. Ora, as situações extremas – crise, acidente, luto, dor, conflito violento, felicidade intensa ou mergulhada em um mundo totalmente desconhecido –, por definição, fogem ao comum e não se reproduzem necessariamente.

A maioria de nossas competências é construída em circunstâncias menos dramáticas, mais lentamente, por meio de situações semelhantes o bastante para que cada uma possa contribuir na construção progressiva de uma competência esboçada. Assim, desde o nascimento, deparamo-nos com situações de estresse, frustração, incerteza, divisão, expectativa que, para além das diferenças, formam, pouco a pouco, certos conjuntos, os quais intuímos. Um conjunto de situações esboça-se de maneira empírica e pragmática. Esse conjunto *não é fechado*, mas enriquece-se conforme as peripécias da vida.

Em relação a isso, as competências profissionais são privilegiadas, na medida em que as situações de trabalho sofrem as fortes exigências do posto, da divisão das tarefas e, portanto, reproduzem-se dia após dia, enquanto em outros campos de ação são maiores os intervalos entre situações semelhantes. Assim, comunicar com delicadeza uma notícia grave para alguém torna-se uma rotina na vida de certas especialidades médicas ou de policiais, ao passo que é uma experiência mais rara na vida privada. Ou seja, no registro profissional, as competências constroem-se a uma velocidade maior.

Pode-se representar a evolução de uma pessoa como a *construção pragmática e intuitiva de tipologias de situações*, sendo que cada tipo ou conjunto apela para competências específicas. As competências de uma pessoa constroem-se em função das situações que enfrenta com maior freqüência. Será necessário? Por que não podemos enfrentar todas as situações do mundo com um pequeno número de capacidades mais gerais? Não seriam suficientes a inteligência, como faculdade universal de adaptação, as capacidades de representação, de comunicação, de solução de problemas, para sair de todos os maus momentos e resolver todas as dificuldades? Hipótese sedutora: se estivéssemos aptos a enfrentar tudo com algumas capacidades básicas, bastaria identificá-las, desenvolvê-las, sem perder tempo, trabalhando múltiplas competências mais específicas. Infelizmente, tudo leva a crer que essa hipótese não tem fundamento e que os especialistas possuem, além das capacidades gerais, múltiplas cordas em seus arcos.

Isso não quer dizer que todas as situações da vida requerem competências especializadas. Entre as situações inéditas vividas por um ser humano, muitas são simples o bastante para serem enfrentadas sem competências particulares, por intermédio da simples observação, da atenção e da "inteligência". Portanto, o sucesso depende de uma capacidade geral de adaptação e discernimento, comumente considerada como a inteligência natural do sujeito. Nem todas as situações são tão simples assim. É verdade que uma pessoa com grandes meios de observação, de informação, de análise e de experimentação conseguirá livrar-se, honrosamente, de um grande número de situações inéditas, porém não será suficiente para fundar uma ação especializada, em particular, rápida e econômica. Nenhuma empresa contrataria alguém com a capacidade de resolver todos os problemas, desde que tivesse tempo para adquirir todos os conhecimentos úteis e desde que realizasse todas as reflexões necessárias para fazer, pouco a pouco, emergir uma solução.

Em muitos registros de especialidade, as competências dependem de uma forma de *inteligência situada*, específica. As situações novas são bastante ricas, diversas e complexas para que o sujeito domine-as com o seu senso comum e com a sua lógica natural. Só pode processá-las tendo à sua disposição não só recursos específicos (procedimentos, esquemas, hipóteses, modelos, conceitos, informações, conhecimentos e métodos), mas também *maneiras específicas e treinadas de mobilizá-los e colocá-los em sinergia*. Em um certo sentido, a habilidade é uma "inteligência capitalizada", uma seqüência de modos operatórios, de analogias, de intuições, de induções, de deduções, de transposições *dominadas*, de funcionamentos heurísticos rotinizados que se tornaram esquemas mentais de alto nível ou *tramas* que ganham tempo, que "inserem" a decisão.

A ligação de uma situação com um "conjunto lógico" permite, até certo ponto, enfrentar o desconhecido, associando-o ao conhecido, desde que uma forma de *intuição analógica* permita uma transferência a partir de experiências anteriores ou de conhecimentos gerais (Gineste, 1997). Conforme mostram os estudos de psicologia cognitiva sobre a formação dos conceitos, a assimilação de um objeto singular de uma classe lógica não é evidente e já constitui o esboço de uma competência. Deve-se, portanto, dissociar duas fases, sendo uma de assimilação de uma situação a um conjunto, e a outra de implementação do "programa de processamento" correspondente? As coisas raramente ocorrem assim:

- existindo um esquema constituído, a identificação e o processamento da situação fazem parte de um esquema global; não há nenhum esquema de percepção seguido por um esquema de ação;
- não havendo nenhum esquema constituído apropriado, é ativado um processo de resolução de um problema inédito que requer analogias e permite associar, *progressivamente,* a situação a um conjunto.

Longe de serem evidentes e instantâneas, as analogias resultam de uma *elaboração* e de uma *busca*. A analogia fica evidente e instantânea somente nos casos mais simples, que dependem de esquemas quase automatizados. A competência consiste mais notadamente em detectar, pouco a pouco, analogias que não se mostram à primeira vista.

As analogias operadas e os recursos que elas permitem mobilizar não levam, em geral, a construir imediatamente uma resposta adequada a uma situação nova, mas sim lançam um *trabalho* de transferência (Mendelsohn, 1996; Perrenoud, 1997a, 1997b). Esse funcionamento cognitivo pertence tanto à ordem da repetição como à ordem da criatividade, pois a competência, ao mesmo tempo em que mobiliza a lembrança das experiências passadas, livra-se delas para sair da repetição, para inventar soluções parcialmente originais, que respondem, na medida do possível, à singularidade da situação presente. A ação competente é uma "invenção bem-temperada", uma variação sobre temas parcialmente conhecidos, uma maneira de reinvestir o já vivenciado, o já visto, o já entendido ou o já dominado, a fim de enfrentar situações *inéditas* o bastante para que a mera e simples repetição seja inadequada. As situações tornam-se *familiares o bastante* para que o sujeito não se sinta totalmente desprovido.

EXERCÍCIO E TREINAMENTO NA FORMAÇÃO DE COMPETÊNCIAS

O treinamento poderia ser associado a um "aprendizado no campo" relativamente incompressível, quaisquer que sejam a duração e a qualidade da formação anterior. Nenhum engenheiro adapta-se imediatamente a um determinado posto de trabalho em uma determinada empresa; ele se torna "operacional" somente após ter assimilado o que há de singular em seu novo ambiente de trabalho: a organização do local e das atividades, as tecnologias, a cultura da empresa, as relações profissionais. Existe até a tentação, nessa perspectiva, de reduzir a competência à aquisição de "conhecimentos locais" que completam os conhecimentos gerais assimilados durante a formação de base. Isso equivaleria a ignorar o fato de que, mais além dessa aquisição indispensável, a competência situa-se *além dos conhecimentos.* Não se forma com a assimilação de conhecimentos suplementares, gerais ou locais, mas sim com construção de um conjunto de disposições e esquemas que permitem mobilizar os conhecimentos na situação, no momento certo e com discernimento.

Na escola, os alunos aprendem formas de conjugação, fatos históricos ou geográficos, regras gramaticais, leis físicas, processos, algoritmos para, por exemplo, efetuar uma divisão por escrito ou resolver uma equação do segundo grau. Mesmo de posse desses conhecimentos, eles saberão em que circunstâncias e em que momento aplicá-los? É na possibilidade de relacionar, pertinentemente, os conhecimentos prévios e os problemas que se reconhece uma competência. As observações didáticas mostram que a maioria dos alunos extrai da forma e do conteúdo das instruções recebidas índices suficientes para saber o que fazer, ou seja, parecem competentes. E eles o são, se considerarmos, imediatamente, que essa competência limita-se a situações bastante estereotipadas de exercício e de avaliação escolares e que a escolha, por exemplo, de uma operação aritmética decorre, com freqüência, mais de uma transposição analógica, a partir de problemas com a mesma forma, do que de uma compreensão intrínseca do problema. Quando um enunciado sugere uma perda, um gasto, uma degradação, uma desaceleração ou um resfriamento, o aluno imagina que se trata de subtrair; procura, então, dois números adequados, coloca o mais alto à frente, o menor a seguir, efetua a operação e anuncia o resultado, normalmente sem interrogar-se por um segundo sobre sua verossimilhança. Assim, o enunciado *"Tenho 220 reais, perdi 150. Quanto eu tinha no começo?"* leva freqüentemente a subtrair 150 de 220, ou seja, um resultado aberrante. Um ensino mais exigente e um treinamento mais intensivo permitirão superar esse estágio e entender que um problema do tipo subtrativo pode pedir uma adição e vice-versa. Observa-se, no entanto, que a exploração metódica das hipóteses tem seus limites (tempo, memória, cansaço). Tanto é assim que, na vida, não se é confrontado com um *enunciado,* mas sim com uma *situação* que deve primeiro ser transformada em problema, ou seja, de uma certa maneira deve ser "matematizada". Embora se possa, eventualmente, percorrer a totalidade dos problemas matemáticos típicos, tais como encontrados nos manuais, não se pode, certamente, explorar todas as situações reais ou possíveis que requerem operações matemáticas. Ou seja, chega um momento em que os conhecimentos acumulados *não são mais suficientes,* em que não se pode dominar uma situação nova graças a simples *conhecimentos aplicados.*

O QUE ESTÁ EM JOGO NA FORMAÇÃO

Concebidas dessa maneira, as competências são *importantes metas da formação.* Elas podem responder a uma demanda social dirigida para a adaptação ao mercado e às mudanças e também podem fornecer os meios para apreender a realidade e não ficar indefeso nas relações sociais. Procuremos aqui nos equilibrar entre um otimismo beato e um negativismo de princípio.

Para dizê-lo em duas teses:

1. A evolução do sistema educacional rumo ao desenvolvimento de competências é uma hipótese digna da maior atenção. Talvez seja essa a única maneira de "dar um sentido à escola" (Develay, 1996; De Vecchi e Carmona-Magnaldi, 1996; Perrenoud, 1996a; Rochex, 1995; Vellas, 1996), para salvar uma forma

escolar que está esgotando-se sem que seja percebida, de imediato, alguma alternativa visível.

2. Essa evolução é difícil, pois ela exige importantes transformações dos programas, das didáticas, da avaliação, do funcionamento das classes e dos estabelecimentos, do ofício de professor e do ofício de aluno. Essas transformações suscitam a resistência passiva ou ativa por parte dos interessados, de todos aqueles a quem a ordem gerencial, a continuidade das práticas ou a preservação das vantagens adquiridas importam muito mais do que a eficácia da formação.

2
Programas escolares e competências

A abordagem pelas competências não se opõe à cultura geral, a não ser que esta última receba uma orientação enciclopédica. Ao reduzir-se a cultura geral a uma acumulação de *conhecimentos*, por mais ricos e organizados que sejam, delega-se sua transferência e a construção de competências às formações profissionalizantes, com a exceção de certas competências disciplinares consideradas fundamentais. Essa não é a única concepção possível. A própria essência de uma cultura geral não será preparar os jovens para entender e transformar o mundo em que vivem? Por que a cultura iria tornar-se menos geral, se a formação não passasse apenas pela familiarização com as obras clássicas ou a pela assimilação de conhecimentos científicos básicos, mas também pela construção de competências que permitem enfrentar com dignidade, com senso crítico, com inteligência, com autonomia e com respeito pelos outros as diversas situações da vida? Por que a cultura geral não prepararia para enfrentar os problemas da existência?

Essa orientação não está ausente dos longos estudos, freqüentemente creditados com virtudes globais de *formação da mente*, por meio das línguas mortas, da análise gramatical, da explicação de textos, do aprendizado do processo experimental, da matemática ou da informática. Será que esse credo, consagrado pela tradição tanto humanista como científica, por exemplo, a corrente de Bachelard, não remete para o que chamamos aqui de competências?

COMPETÊNCIAS E PRÁTICAS SOCIAIS

Toda competência está, fundamentalmente, ligada a uma *prática social* de certa complexidade. Não a um gesto dado, mas sim a um conjunto de gestos, posturas e palavras inscritos na prática que lhes confere sentido e continuidade. Uma competência não remete, necessariamente, a uma prática *profissional* e exige ainda menos que quem a ela se dedique seja um profissional completo. Assim, como *amador*, pode-se dar um concerto, organizar viagens, animar uma associação, cuidar de uma criança, plantar tulipas, aplicar dinheiro, jogar uma partida de xadrez ou preparar uma refeição. Tais práticas, entretanto, admitem uma *forma profissional*. Não há nada de estranho nisso: os novos ofícios, raramente, nascem *ex nihilo* e, de maneira geral, representam o término de um processo de gradativa profissionalização de uma prática social inicialmente difusa e benévola. É perfeitamente normal, pois toda competência amplamente reconhecida evoca uma prática profissional instituída, emergente ou virtual.

Pretende-se, nas formações profissionalizantes, preparar para um ofício que confrontará a prática com situações de trabalho que, a despeito da singularidade de cada um, poderão ser dominadas graças a competências de uma certa generalidade. Um controlador de tráfego aéreo ou um médico devem saber enfrentar uma situação de emergência; um delegado, uma tomada de reféns; um engenheiro, uma falha imprevisível; um advogado, uma testemunha inesperada; um negociador ou jogador de tênis, táticas inéditas de seus adversários, etc. A implementação de uma formação profissionalizante consiste primeiro na correta identificação das situações pertinentes, considerando-se, ao mesmo tempo, as situações relativamente banais, mas que, nem por isso, pedem um tratamento de rotina, e das situações excepcionais, que requerem a totalidade da perícia, da criatividade e do sangue-frio do prático. Sem ser simples, esse trabalho é um princípio da transposição didática na formação profissionalizante (Arsac *et al.*, 1994; Perrenoud, 1994). Nesse campo, nunca faltam as situações concretas que servem de ponto de partida para a reflexão. O problema é não se perder em sua diversidade, agrupá-las e hierarquizá-las para identificar um número restrito de competências a serem desenvolvidas e os recursos que elas mobilizam.

A questão é muito diferente no âmbito das formações escolares gerais, na medida em que elas não levam a nenhuma profissão em particular, nem sequer a um conjunto de profissões. Qual será, então, o *princípio de identificação* das situações a partir das quais poderiam ser detectadas competências? Diante desse problema, pode-se distinguir duas estratégias: a primeira consiste em enfatizar competências transversais, uma vez que sua própria existência está sendo contestada (Rey, 1996), e a segunda é a de "fazer como se" as disciplinas já formassem para competências, cujo exercício na aula prefiguraria a implementação na vida profissional ou na extraprofissional.

À PROCURA DE COMPETÊNCIAS TRANSVERSAIS

Para escrever programas escolares que visem explicitamente ao desenvolvimento de competências, pode-se tirar, de diversas práticas sociais, situações problemáticas das quais serão "extraídas" competências ditas *transversais*. Basta tentar o exercício por um instante e nota-se que o leque é muito amplo, para não dizer inesgotável. Para reduzi-la, para chegar a *listas* de razoável tamanho, procura-se *elevar o nível de abstração*, compor conjuntos muito grandes de situações.

O que encontraremos, então? Em geral, as *características gerais da ação humana*, quer dependam do "agir comunicacional", quer da ação técnica: ler, escrever, observar, comparar, calcular, antecipar, planejar, julgar, avaliar, decidir, comunicar, informar, explicar, argumentar, convencer, negociar, adaptar, imaginar, analisar, entender, etc. Para tornar comparáveis as mais diversas das situações, basta *despojá-las de seu contexto*. Encontram-se, dessa forma, as características universais da ação humana, interativa, simbólica, não-programada e, portanto, objeto de decisões e de transações. Em um certo nível de abstração, pode-se defini-la *independentemente de seu conteúdo e contexto*.

Assim, é perfeitamente possível e legítimo dar sentido a verbos como argumentar, prever ou analisar. *Argumentar:* "Discutir, recorrendo a argumentos, provar ou contestar algo por meio de argumentos". *Argumento*: "Raciocínio destinado a provar ou refutar uma proposição e, por extensão, prova para apoiar ou rejeitar uma proposição".

Prever: "Conhecer e anunciar (algo futuro) como havendo de ser, havendo de produzir". *Previsão*: Ato de prever, conhecimento do futuro".

Analisar: "Fazer a análise de...". *Análise*: "Operação intelectual que consiste em decompor um texto em seus elementos essenciais, para apreender suas relações e dar um esquema do conjunto" ou "ato de decompor uma mistura para separar seus constituintes".

O dicionário de francês *Le Robert* o atesta: pode-se encontrar um significado para esses três conceitos em total independência dos contextos e conteúdos da ação visada, conservando-se apenas o que há de comum em uma multiplicidade de ações ou de operações, na verdade, muito diferentes. Isso significa que tais ações, reunidas *logicamente*, apelam para uma única e mesma competência? Não há nada menos seguro.

> Tomemos o exemplo da análise. Pode-se defender a idéia de que uma pessoa dominaria um processo analítico geral, aplicável a todos os conteúdos, nos contextos mais variados. Pode-se afirmar, ao contrário, que em cada tipo de contexto e para cada tipo de conteúdo deve-se construir uma competência específica. Essa segunda tese parece mais próxima do que tanto as ciências humanas como a experiência diária ensinam-nos: quem sabe analisar um texto não sabe, *ipso facto*, analisar um produto químico e vice-versa. O dicionário *Le Robert*, aliás, distingue explicitamente dois sentidos, fazendo da análise química uma prática específica. Porém, os outros processos de análise têm uma maior unidade? Podemos considerar a análise de um número, de uma constelação estelar, de uma paisagem, de um quadro clínico, estatístico ou artístico, de um sonho, de uma radiografia ou de uma partitura musical como as manifestações de uma única e mesma competência? Em todos os casos, há uma *análise*, no sentido de separação de componentes, mas *a unidade do conceito* na mente do observador, e até na do sujeito implicado, *não comanda a unidade da competência*. Ainda que exista um improvável ator que desenvolveu uma competência de análise de realidades tão diversas para mais além da pluralidade dos contextos, dos conteúdos, dos riscos e das finalidades da análise, pode-se simplesmente avançar na hipótese de que sua "competência analítica" não se constituiu de uma vez só, mas construiu-se por generalização, posta em relação ou transferência de competências mais específicas.

Afinal de contas, cabe a cada um, diante da realidade, constituir *à sua maneira* conjuntos de situações. Se for capaz de agrupar todas as situações que pedem uma análise e de mobilizar uma única e mesma "competência analítica" para enfrentá-las, muito bem. Contudo, isso não autoriza nem a postular uma competência tão ampla em outros atores, nem sequer prevê-la ou desejar seu progressivo desenvolvimento em cada um, como se houvesse um inegável benefício em saber analisar algo a partir de uma única competência. Alguém pode atingir a excelência em diversos processos de análises, desenvolvendo, para cada um deles, uma competência específica. Não há nada que diga que isso seria menos eficaz, pelo contrário.

PRÁTICAS DE REFERÊNCIA E DE TRANSPOSIÇÃO

Essa problemática é embaraçosa para quem deseja elaborar um referencial de competências transversais. Por definição, tal referencial é padrão, pois convida os que o utilizam a aceitarem os conjuntos de situações escolhidos pelos autores do referencial, ou seja, sua *visão do mundo*. Essa maneira de agir é parcialmente defensável no campo das profissões, devido à referência comum a uma cultura profissional que propõe uma tipologia das situações de trabalho. Nada existe de equivalente para as situações da vida. As ações e as operações repertoriadas no dicionário — imaginar, raciocinar, analisar, antecipar, etc. — não correspondem a situações identificáveis, tão abstrato é seu nível de formulação e a ausência de referência a um certo contexto, a um desafio, a uma prática social.

Tal problema não existe apenas para competências metodológicas ou transdisciplinares, mas surge em cada disciplina: na língua francesa, por exemplo, *resumir* designa práticas muito diversas, assim como argumentar, interrogar, narrar ou explicar. Os textos de mesma característica têm uma unidade sintática ao nível da "gramática textual", mas seu sentido pragmático pode ser muito variado. Resumir para encontrar uma informação, para dar uma visão geral, para incitar a ler, para dispensar de ler, para apoiar um argumento crítico, para facilitar as pesquisas em uma base de dados são *práticas distintas*, que remetem, geralmente, a competências diferenciadas, mesmo que haja sempre uma "contração de texto", ou seja, algumas operações textuais comuns.

Um plano de estudo não pode permitir que os professores, os quais utilizarão um conjunto de disciplinas e níveis, afastem-se por conta de uma miríade de situações particulares. Estas últimas poderiam gerar, no momento de sua enunciação, difíceis problemas éticos ou ideológicos. Inscrever "saber argumentar" em um referencial de competências para a escola básica só incomoda quem acredita – uma minoria hoje, provavelmente – que é melhor não ensinar a argumentação a um maior número de alunos sob pena de ameaçar a ordem social. Em contrapartida, se as situações e práticas argumentativas de referência forem especificadas, surgem inúmeros dilemas políticos e éticos. Na vida, com efeito, argumenta-se não só para defender causas nobres, para fazer ouvir o direito ou a razão, mas também para influenciar os outros para fins menos nobres, para ganhar uma decisão, para fazer calar um adversário, para desculpar-se, para escapar de uma sanção, para ocultar um engano, para desviar a atenção, para pedir um favor, para brilhar na sociedade, para deixar o outro em dificuldade, para vencer uma eleição, para ser contratado, para obter uma autorização, para barganhar ou vender, para ganhar tempo. Quem admitiria que a escola prepare abertamente para situações "moralmente ambíguas"? Enquanto argumentar parece ser, *in abstracto*, uma competência "nobre", qualquer referência a um risco realista poderia suscitar um vivo debate ético e ideológico. Pode-se tentar o mesmo exercício com raciocinar, calcular ou imaginar:

- pode-se "imaginar" uma festa insólita ou um suplício original;
- pode-se "calcular" para elaborar um orçamento de desenvolvimento ou uma fraude fiscal;
- pode-se "raciocinar" para salvar uma vida ou preparar um assalto.

Entende-se por que a escola não se aventura no campo minado das práticas sociais e costuma contentar-se, ao propor um referencial de práticas transversais, com fórmulas cautelosas, bastante "etéreas", no melhor dos casos acompanhadas de alguns exemplos apresentáveis. Tais programas, infelizmente, não resolvem a questão da *transposição didática*. Se as competências serão formadas *pela prática*, isso deve ocorrer, necessariamente, em situações concretas, com conteúdos, contextos e riscos identificados. Quando o programa não propõe nenhum contexto, entrega aos professores a *responsabilidade*, isto é, o *poder* e o *risco* de determiná-lo. Isso agradará aos que desejam dar a eles a maior autonomia possível na escolha dos conteúdos e dos processos de formação. Porém, surgem dois problemas:

• Os professores adeptos da idéia de competência assumem tremendas responsabilidades na escolha das práticas sociais de referência e investem nelas sua própria visão de sociedade, cultura e ação, ainda mais à medida que transmitem conhecimentos.
• Os professores que não se interessam por essa abordagem, que não desejam nem podem fazer esse trabalho de transposição a partir das práticas sociais, irão desprezá-la e ficarão limitados a competências disciplinares consagradas, como, por exemplo, em francês, o resumo, a explicação de textos, a composição de idéias; em matemática, as operações aritméticas, a resolução de problemas ou equações, a construção de figuras, a demonstração. Elas investirão, por outro lado, o essencial de sua energia na transmissão de conhecimentos teóricos e métodos.

Haverá uma resposta satisfatória para essa pergunta? Talvez, desde que os autores dos programas estejam, ao mesmo tempo, engajados o bastante para fazer escolhas claras e sejam hábeis o suficiente para multiplicar os exemplos de situações isentas de equívoco sem, por isso, caírem na armadilha da lista exaustiva. Isso exigiria uma resposta clara e, portanto, corajosa à pergunta de saber *que tipo de seres humanos a escola quer formar*, com vista a que práticas familiares, sexuais, políticas, sindicais, artísticas, esportivas, associativas, etc. Disso depende a escolha das competências transversais a serem desenvolvidas!

Na verdade, os conhecimentos poderiam gerar os mesmos problemas, desde que se queira pensar a esse respeito. Eles são protegidos, entregando-se a cada um dos professores a responsabilidade moral do seu uso – ciências sem consciência – e acentuando-se o caráter geral e propedêutico dos conhecimentos ensinados na escola primária ou no colégio. Somente mais adiante no currículo são que se transmidos – por exemplo, para os futuros médicos, químicos, informáticos ou engenheiros – conhecimentos suscetíveis de salvar ou destruir vidas ou bens. Tratando-se das competências, fica difícil embaralhar as coisas, pois *não existem competências propedêuticas*, uma vez que cada uma confere, de imediato, um poder sobre os outros e o mundo. O uso desse poder inscreve-se em relações sociais, ou seja, fica suspeito de "subversão", de desistir dos clichês e dos estereótipos.

Estarão os sistemas educacionais prontos para chamar as coisas pelo seu nome? Se adotarem a linguagem das competências transversais, preferirão contentar-se com formulações muito gerais e assépticas, sem referência a práticas ou contextos identificáveis. Assim, os textos serão neutros e uniformes o bastante para serem adotados por instâncias decisórias que só conseguem entender-se com intenções relativamente vagas. Uma sociedade democrática procura, legitimamente, um meio-termo aceitável (Perrenoud, 1995a). Essa procura do consenso não encoraja a expressão clara das finalidades da escola e obscurece qualquer referência concreta à vida das pessoas, para não destacar a diversidade dos valores e da desigualdade das condições sociais. Talvez se pudesse, ainda hoje, propor formar os alunos na compreensão ativa dos desafios e dos perigos da engenharia genética. Quem ousaria fazer uma proposta equivalente para o perigo nuclear? Os *lobbies*, sentindo seus interesses ameaçados, fariam pressão a favor de uma fórmula mais prudente, do tipo "Entender os desafios, as chances e os riscos do desenvolvimento tecnológico".

COMPETÊNCIAS E DISCIPLINAS

Alguns temem que desenvolver competências na escola levaria a renunciar às disciplinas de ensino e apostar tudo em competências transversais e em uma formação pluri, inter ou transdisciplinar. Esse temor é infundado: a questão é saber *qual concepção das disciplinas escolares adotar*. Em toda hipótese, as competências mobilizam conhecimentos dos quais grande parte é e continuará sendo de ordem disciplinar, até que a organização dos conhecimentos eruditos distinga as disciplinas, de modo que cada uma assuma um nível ou um componente da realidade.

Essa posição pode surpreender, pois os partidários das competências "transversais", na maioria das vezes, defendem a abordagem por competências, enquanto os defensores das abordagens disciplinares dela se defendem. Essas clivagens é que devem ser superadas. O acento posto aqui e acolá – efeito de moda! – sobre as competências ditas "transversais" pode, paradoxalmente, prejudicar a abordagem por competências, que não nega as disciplinas, mesmo que as combine ocasionalmente na resolução de problemas complexos. A transversalidade total é uma fantasia, o sonho de uma terra de ninguém, na qual a mente seria construída fora de qualquer conteúdo ou, antes, utilizando os conteúdos como meros campos de exercício mais ou menos fecundos de competências "transdisciplinares". Aqui só posso referir o leitor às reflexões de Romainville (1994).

O verdadeiro debate, no meu entender, não opõe partidários das disciplinas e defensores do pluri, inter ou transdisciplinar. Ele opõe:

• Por um lado, aqueles que pensam que a escola deve limitar-se a transmitir conhecimentos e desenvolver algumas capacidades intelectuais muito gerais (saber analisar, argumentar, etc.) fora de qualquer referência a situações e práticas sociais;
• Por outro, aqueles que defendem a construção de competências de alto nível, tanto dentro das disciplinas quanto na sua intersecção, ou seja, trabalhando-se a transferência e a mobilização dos conhecimentos em situações complexas, muito além dos exercícios clássicos de consolidação e aplicação.

A insistência exclusiva sobre o transversal – no sentido de interdisciplinar ou de não-disciplinar – empobrece consideravelmente a abordagem por competências. Ela rejeita, para o campo dos adversários, todos aqueles que estariam dispostos a seguir rumo às competências, apesar de considerá-las ancoradas nas disciplinas. Uma "concessão meramente tática" não teria interesse nenhum. Se as competências estão, em grande parte, articuladas com conhecimentos disciplinares, isso se deve apenas ao fato de que as disciplinas organizam parcialmente tanto o mundo do trabalho como a pesquisa. A preocupação com o desenvolvimento de competência nada tem a ver com uma dissolução das disciplinas em uma confusa "sopa transversal". O que não nos exime de interrogar os limites e as itersecções das disciplinas.

Sabe-se, atualmente, que engenheiros, médicos, administradores e pesquisadores utilizam muitos outros conhecimentos alheios às suas respectivas disciplinas. Em certas funções, a disciplina de base conta menos do que a capacidade reflexiva e a faculdade de aprender. Isso contribui para reequilibrar uma visão do mundo exageradamente esquemática, ligada às divisões disciplinares. Seria absurdo cair no extremo oposto, sobrecarregando as disciplinas com as alienações, após conferir-lhes as virtudes. É verdade que sua existência escolar pode tomar a forma do isolamento, da ignorância dos outros ou da negação mútua. Nas empresas e administrações, as fronteiras são menos rígidas e as identidades, mais móveis. Pode-se defender cruzamentos, locais de integração e cooperações entre disciplinas desde a escola sem, por isso, negar a coerência de cada um desses aspectos, coerência esta que a cada escola deve a uma "fechadura otimal".* Ou seja, o "tudo transversal" não leva mais longe do que o "tudo disciplinar"!

---

*N. de T. Expressão criada pelo autor para dar idéia de entrosamento perfeito entre as disciplinas.

ENTRE O "TUDO DISCIPLINAR" E O "TUDO TRANSVERSAL"

Se cada competência for referida a um conjunto de situações, a questão crucial é de ordem empírica: será que as situações mais prováveis recorrem prioritariamente aos recursos de uma disciplina? De várias disciplinas? De todas elas? De nenhuma? Várias hipóteses podem e devem ser consideradas.

• Há situações cujo domínio encontra seus recursos, essencialmente, em uma única disciplina: escrever um conto, explicar uma revolução, identificar transformações geofísicas, dissecar um rato ou transcrever uma melodia mobilizam conhecimentos disciplinares diferentes, embora todas elas apelem para certos *savoir-faire* metodológicos comuns a várias disciplinas e esquemas mais gerais de pensamento e de comunicação. As situações escolares, inclusive no estágio da avaliação, são geralmente construídas para serem "intradisciplinares", e o mesmo ocorre com as situações de trabalho, quando a tarefa profissional coincide com uma disciplina, o que é o caso para parte dos ofícios que exigem uma formação literária, gerencial ou científica "puras".

• Há situações cujo domínio encontra seus recursos em várias disciplinas identificáveis. É o caso de muitas situações de vida fora da escola, no trabalho e fora do trabalho. No trabalho, os empregos menos qualificados recorrem geralmente a aspectos de certas disciplinas escolares, como o francês, a matemática, às vezes, certos elementos de biologia, química ou física. Em certas profissões muito qualificadas, as situações com as quais os práticos deparam-se fazem com que desenvolvam competências que mobilizam os aportes de *várias* disciplinas, sem limitar-se a nenhuma delas. Um médico, um arquiteto, um engenheiro ou um empresário utilizam não só fragmentos expressivos de várias disciplinas escolares e universitárias, mas também conhecimentos constituídos próprios de seu campo de ação, sejam eles eruditos, profissionais ou baseados na experiência. Na verdade, todas as unidades ou faculdades interdisciplinares – por exemplo, as ciências da terra, do trabalho, da educação, da comunicação ou da saúde – constroem-se em torno de campos de práticas sociais, os quais constituem cruzamentos interdisciplinares. Assim, as competências profissionais desenvolvidas apóiam-se em diversos conhecimentos, disciplinares, interdisciplinares e profissionais. Quanto às situações da vida cotidiana, elas misturam, muitas vezes, algumas bases escolares – *savoir-faire* e conhecimentos disciplinares – e outros elementos, pertencentes ao conhecimento comum, ao saber profissional ou ao saber experimental. Organizar as férias, planejar uma mudança de casa, instalar um carpete, entrar em acordo relativo a uma herança, manter um jardim, redigir um panfleto: todas essas atividades mobilizam um pouco de francês e, conforme os casos, matemática, geografia, biologia, direito, economia; porém, nenhuma se inscreve em uma esfera disciplinar única.

• Existem situações cujo domínio não passa por nenhum conhecimento disciplinar – exceto a língua materna, que preexiste ao seu ensino – e depende, unicamente, de conhecimentos fundados na experiência ou na ação, de conhecimentos tradicionais ou profissionais ou, ainda, de conhecimentos locais difíceis de classificar de acordo com uma grade disciplinar. Para quais disciplinas escolares apela-se ao organizar um casamento ou adestrar um cão?

Não existe, evidentemente, nenhuma prática humana da qual uma ciência constituída ou emergente não possa apoderar-se para descrevê-la e também para propor referências teóricas ou procedimentais. Observe-se, porém, que essas disciplinas emergentes não são ensinadas na escola e não passam de aportes potenciais, na medida em que todos os práticos não as dominam ou sequer conhecem sua existência. Assim, a zoologia, a etologia, a psicologia e a sociologia animais conferem provavelmente bases científicas a uma ação de adestramento. Pode-se pensar que, com sua incorporação a certos programas escolares e, sobretudo, com sua vulgarização pela mídia, elas influirão cada vez mais sobre a conduta dos donos de animais. Nos dias de hoje, estes agem, em parte, através de conhecimentos adquiridos pela tradição, pela experiência ou por certos conhecimentos profissionais, neste caso os dos criadores ou dos veterinários. Esses conhecimentos, por sua vez, provêm de conhecimentos disciplinares.

Pouco se sabe sobre a mobilização de conhecimentos disciplinares nas situações da vida. Seria salutar multiplicar as investigações sobre os conhecimentos que as pessoas utilizam efetivamente em sua vida, suas fontes, seus modos de apropriação. Talvez um estudo aprofundado mostrasse que os conhecimentos disciplinares são menos importantes do que os especialistas acreditam, porém estão presentes, ao menos marginalmente, em um grande número de situações, mesmo quando não são aprendidos na escola. Alguém que se interesse pelas plantas ou pelas viagens saberá mais sobre botânica ou geografia do que terá aprendido na escola. No entanto, pode-se avançar na hipótese de que o que tiver aprendido em outro lugar, paralelamente ou mais tarde, organizou-se, em parte, a partir das noções básicas e da matriz disciplinar implementada pelo ensino fundamental.

> A honestidade está em dizer, hoje, que não sabemos exatamente qual é a utilidade das disciplinas escolares – além de ler, escrever e contar – na vida diária das pessoas que não seguiram estudos superiores. A razão é muito simples: historicamente, a escolaridade tem sido construída para preparar os estudos universitários. É muito recente a preocupação com sua relação com as situações da vida profissional e não-profissional. Paradoxalmente, essas perguntas são feitas, sobretudo, desde que a escola obrigatória não desemboque mais do que marginalmente sobre o mercado de trabalho. Parece pertinente, por um lado, fornecer uma cultura geral elementar aos que ingressassem na vida profissional ou um aprendizado em uma empresa e, por outro lado, uma preparação acadêmica aos que continuassem seus estudos no liceu. O fato de nem a escola primária, nem sequer a escola de ensino médio deixarem de construir um nível final de estudos obriga a interrogar-se sobre a finalidade desses ciclos de aprendizado, sem ignorar que doravante eles preparam para uma grande diversidade de destinos escolares e sociais.

A reflexão sobre as competências proíbe liberar as disciplinas escolares da questão de sua utilidade, deixando-lhes o direito de delegar essa preocupação a ateliês interdisciplinares ou transversais. Cada disciplina tem a tentação de desinteressar-se do problema e encerrar-se na lógica que melhor conhece: compactar, modernizar, complexificar os conhecimentos ensinados e limitar-se a certas competências disciplinares consagradas, como o resumo de texto, a leitura de mapas geográficos ou a resolução de equações, entre outros. A vontade de desenvolver competências luta contra "as fechaduras otimais".

A TRANSFERÊNCIA E A INTEGRAÇÃO DOS CONHECIMENTOS

Ainda hoje, e mais notadamente no ensino médio, pode-se pretender dispensar conhecimentos disciplinares sem preocupar-se com sua integração em competências ou com seu investimento em práticas sociais. Esse "desligamento" pode fundar-se:

- ora na impressão de que essa integração irá fazer-se por si, quando o sujeito estiver enfrentando situações complexas;
- ora na recusa de assumir essa integração, cuja execução é entregue a outros formadores, a um acompanhamento por práticos mais experientes ou "à vida".

Essas duas razões pedem refutações distintas. A primeira é simplesmente desmentida pelos fatos: muitos alunos não têm nem os recursos pessoais, nem as ajudas externas necessárias para utilizar plenamente seus conhecimentos, quando essa mobilização não foi o objeto de nenhum *treinamento*. Sabe-se agora que a transferência de conhecimentos ou sua integração em competências não são automáticas e passam por um *trabalho*, isto é, um acompanhamento pedagógico e didático sem o qual nada ocorrerá, a não ser para os alunos com grandes meios para isso (Mendelsohn, 1996; Perrenoud, 1997a). O que leva Tardif e Meirieu (1996) a defenderem que o *não-escoramento* ou, mais globalmente, *o exercício da transferência* fazem parte do trabalho regular da escola, notadamente para todos os alunos que, não sendo "herdeiros", não contam em sua família com os recursos ou apoios que a escola não pode, ou não quer, proporcionar.

Sem negar sua importância, seria mais adequado entregar esse trabalho sobre a transferência, integração e mobilização dos conhecimentos para outros formadores, cuja intervenção poderia ser feita mais adiante no currículo? Talvez essa esperança apóie-se, em parte, nos campos cobertos pela formação profissionalizante. Afinal, com quem a escola ou a universidade poderiam contar, infalivelmente, na família, na cidade ou no mundo do trabalho para assumir o treinamento que elas não proporcionaram? Seria igualmente leviano imaginar que o que não foi feito em tal nível de tal disciplina será feito no nível seguinte: com a atual divisão vertical do trabalho pedagógico, cada um acrescenta um andar ao edifício dos conhecimentos e ninguém se sente mais responsável do que os outros por sua mobilização, exceto, novamente, nas formações profissionalizantes, nas quais estágios, jogos de simulação, trabalhos práticos e experiências clínicas são dispositivos claramente orientados para o desenvolvimento de competências.

No meu entender, a escolaridade geral pode e deve, tanto quanto as formações profissionalizantes, contribuir para construir verdadeiras competências. Não é uma simples questão de motivação ou de sentido, mas sim uma questão didática central: aprender a explicar um texto "para aprender" não é aprender, exceto para fins escolares, pois existem tantas maneiras de explicar ou de interpretar um texto quantas perspectivas gramaticais. Se esse aprendizado não for associado a uma ou mais práticas sociais, suscetível de ter um sentido para os alunos, será rapidamente esquecido, considerado como um dos obstáculos a serem vencidos para conseguir um diploma, e não como uma competência a ser assimilada para dominar situações da vida.

Porém, para que isso ocorra, o esforço de explicitação do uso dos conhecimentos e das competências deve encontrar um eco na mente do aprendiz. A mobilização, assim como a transferência, supõe uma *intenção* (Rey, 1996). A escola contenta-se, exageradamente, em pressupô-la e em limitá-la à vontade de adquirir "boas bases" que, mais adiante, serão um fundamento de competências mais significativas.

AS CONSEQÜÊNCIAS PARA OS PROGRAMAS

Conforme analisamos, existe a tentação, na formação geral, de trabalhar *separadamente* capacidades descontextualizadas, definidas em um elevado nível de abstração: saber comunicar, raciocinar, argumentar, negociar, organizar, aprender, procurar informações, conduzir uma observação, construir uma estratégia, tomar ou justificar uma decisão.

Essas expressões possuem um sentido vago o bastante para abrir a porta a múltiplas interpretações, o que evita debates ideológicos inconclusivos, porém não contribui para dar força e consistência aos programas. Por outro lado, tais formulações afastam-se pouco dos objetivos tradicionais do ensino, podendo ser entendidas como variantes atualizadas dos discursos habituais sobre a missão da escola na formação da mente. Os especialistas dos programas e da avaliação padronizada podem apresentar essas capacidades gerais como competências, jogando com as ambigüidades do conceito ou, em uma posição defensiva, considerá-las como *elementos* ou *ingredientes* gerais de múltiplas competências.

Na falta de formar somente competências, a escola poderia, ao menos, além de fornecer conhecimentos, trabalhar capacidades descontextualizadas – sem referência a situações específicas – porém "contextualizáveis", tais como saber explicar, saber interrogar-se ou saber raciocinar. Em vez de poder criar situações complexas, seria acentuada no treinamento a parte do exercício de capacidades isoladas, da ordem dos métodos ou habilidades gerais de pensamento e expressão. De resto, o ensino de conhecimentos continuaria sendo o caminho principal.

QUADRO 2.1 A transmissão da vida no homem

Exemplos de atividades	Conteúdos-Noções	Competências
Identificação das transformações morfológicas e fisiológicas surgidas na puberdade. Comparação, a partir de textos e vídeos, dos traços do comportamento do adolescente com os da criança.	O ser humano torna-se apto a reproduzir-se com a puberdade. Durante a puberdade, aparecem os caracteres sexuais secundários; os órgãos genitais do menino e da menina começam a funcionar, e a personalidade modifica-se.	Relacionar as transformações físicas, fisiológicas e comportamentais da puberdade à aquisição da faculdade de transmitir a vida.
Dissecação de um pequeno mamífero para observar o aparelho reprodutor. Identificação dos órgãos do aparelho reprodutor de um animal dissecado ou esfolado. Elaboração de um esquema funcional dos aparelhos reprodutores masculino e feminino. Observação de gametas no microscópio. Relacionar o período do ciclo menstrual com a espessura da camada interna da parede do útero.	A partir da puberdade, a produção dos gametas é contínua no homem e cíclica na mulher até a menopausa. Os testículos produzem espermatozóides; os ovários produzem óvulos. A cada ciclo (média de 28 dias), o ovário gera um óvulo e a camada interna da parede do útero torna-se mais espessa. Se o óvulo não for fecundado, a camada interna da parede uterina é eliminada, dando origem à menstruação.	Relacionar os órgãos genitais masculino e feminino aos seus respectivos papéis, por meio de um esquema escrito ou oral. Comparar as células reprodutoras no homem e na mulher, seu ritmo de produção e os órgãos que as produzem.
Observação de uma fecundação, a partir de um vídeo. Classificação cronológica de documentos relativos à fecundação.	O embrião humano provém de uma célula-ovo, resultado de uma fecundação interna posterior a uma relação sexual. Devido ao seu funcionamento, os órgãos dos aparelhos reprodutores permitem a realização da relação sexual, a produção dos gametas e o encontro dos mesmos.	Calcular o período possível de fecundação de uma mulher a partir do início da menstruação.
Localização da nidificação do embrião.	O embrião implanta-se e desenvolve-se no útero; a espécie humana é vivípara. Trocas entre o feto e o organismo materno são realizadas por intermédio da placenta, graças ao cordão umbilical. Após nove meses, a criança é expelida por contrações uterinas durante o parto.	Explicar as relações anatômicas e funcionais entre o feto e o organismo materno.

Extraído dos programas do ciclo central – 5ª e 4ª séries do colégio (*Diretoria dos liceus e colégios*, 1997, p. 59).

É essa a vertente mais forte, no estado atual das representações e relações de força. Pode-se temer que seja a vertente errada e que ela enfraqueça de maneira dramática a abordagem por competências. Se a meta for "desenvolver competências" limitando-se a estimular as capacidades de raciocínio, argumentação, observação e imaginação, os defensores das disciplinas dirão – com razão – que já o fazem, que é esse o sentido dos exercícios escolares "inteligentes" propostos. Passa-se a admitir, então, a linguagem das competências, *pois ela nada muda nas práticas!*

Será uma questão de programa? Será que programas escritos em termos de competências podem transformar o ensino? Temos o direito de duvidar disso. Em particular, quando se apresentam como a pálida imitação dos programas nocionais, em que estava uma lista de conhecimentos a serem ensinados, descobre-se uma lista de "capacidades gerais" ou de elementos de competências a serem trabalhadas.

Os novos programas do colégio francês propõem, em certas disciplinas (por exemplo, as ciências da vida e da terra, a física, a tecnologia), três colunas que fazem corresponder exemplos de atividades (primeira coluna), conteúdos-noções (segunda coluna) e competências (terceira coluna). Joga-se tudo na leitura desses quadros, isto é, na relação com o saber do professor. Tomemos um exemplo nos novos programas das quinta e quarta séries do colégio. Para o tema "A transmissão da vida no homem" (Diretoria dos liceus e colégios, 1997, p. 59), o documento recomenda uma duração de oito horas para percorrer o programa constante no Quadro 2.1 (ver p. 46).

Observe-se, primeiro, que as competências citadas estão *desencarnadas* a tal ponto, que parecem ser conhecimentos puros e simples. Nenhuma alusão é feita a situações da vida. "A partir de que momento posso ter um filho?", pergunta-se uma adolescente se, por exemplo, estiver pensando em ter relações sexuais, escolher uma ou outra forma de contracepção e proteção. Quanto a saber "relacionar os órgãos genitais masculino e feminino aos seus respectivos papéis por meio de um esquema escrito ou oral", essa competência não iria além de um exercício de verificação dos conhecimentos biológicos? Fora da escola, isso serve para quê? É verdade que limitar-se a uma competência mais elementar, como "relacionar os órgãos genitais masculino e feminino" seria afrontar as linhas da virtude e colocar os professores de biologia em uma situação embaraçosa.

Mesmo quando nenhum tabu impede a formulação de competências, observa-se uma tendência a formulá-las, com freqüência, pura e simplesmente, como a implementação de um conhecimento declarativo ou de um conhecimento procedimental que derivaria dele, por exemplo, "relacionar as transformações dos alimentos com sua passagem no sangue e seu transporte até os órgãos" (*ibid.*, p. 57).

Na física, na coluna "Competências", encontramos de maneira ainda mais aberta simples conhecimentos. Por exemplo, a respeito do olho:

- Conhecer detectores de luz utilizados na vida diária.
- Saber que certos fenômenos, em geral qualificados como ilusões óticas, não se devem ao trajeto da luz, mas sim ao funcionamento da retina e do cérebro.

Somente na tecnologia – não há nenhuma surpresa nisso – é que encontramos muitos *savoir-faire* que não são a aplicação pura e simples de um conhecimento teórico, por exemplo: "Enviar uma mensagem, utilizando-se o *software* de correio eletrônico". Daí a definir uma verdadeira competência é um passo a mais. Pode-se propor "saber escolher e utilizar, de maneira parcimoniosa, o meio simultaneamente mais rápido e mais confiável para transmitir uma informação sigilosa". Isso exige muito mais do que o uso de um programa de correio eletrônico, pois deve-se avaliar os riscos, ou seja, representar redes e comparar os inconvenientes e as vantagens de vários processos (telefone, fax, correio, mensageiro, Internet) em uma dada situação. Conforme se queira transmitir o número de um cartão de crédito para um fornecedor, um prontuário médico para um colega ou um *furo* de reportagem para uma agência de notícias, a escolha não será a mesma em uma escala entre os riscos e os benefícios. Essa escolha mobilizará extensos conhecimentos, tanto psicossociológicos como tecnológicos, sobre o efetivo funcionamento dos diversos processos.

A linguagem das competências está invadindo os programas, porém não passa, muitas vezes, de uma roupagem nova com a qual se tapa ora as mais antigas faculdades da mente, ora os conhecimentos eruditos ensinados desde sempre. Em suma, não basta acrescentar a qualquer conhecimento uma referência qualquer a uma ação (traduzir em forma gráfica, observar, verificar se...) para designar uma competência!

A IDÉIA DE "BLOCO DE COMPETÊNCIAS"

Um bloco de competências é um documento que enumera, de maneira organizada, as competências visadas por uma formação. Para o ensino obrigatório, tende a garantir para cada indivíduo um "capital mínimo", um *"Stock Minimum Incompressible de Compétences* (SMIC)" (Estoque Mínimo Incompressível de Competências) cujo nível, se estivesse aquém do esperado, tornaria a inserção social problemática. Um bloco de competências não é um programa clássico, não diz o que deve ser ensinado, mas sim, na linguagem das competências, o que os alunos devem dominar. Essa intenção não os protege contra as derivações mencionadas acima a respeito do colegial.

A idéia de bloco não evoca imagens muito precisas na mente daqueles que jamais consultaram um documento que responda a essa denominação. Portanto, procuremos explicitá-lo a partir de uma realização concreta. Na Bélgica, o Ministério da Educação publicou, em 1991, um volume de quase 160 páginas de formato A4, intitulado *"Blocos de competências no ensino fundamental e na primeira série do ensino médio"*. Antes de ser um documento compulsório, é uma ferramenta de trabalho ainda experimental. Sua meta é uma melhor continuidade dos aprendizados no ensino fundamental (maternal e primário) e sua articulação no começo do ensino médio. No entanto, o prefácio do ministro indica que "em uma fase posterior, a vocação desses blocos de competências é a de serem única referência a fixar o nível dos estudos". Terão, portanto, força de lei. A justificativa explícita da introdução dos blocos de competências é o desejo de homogeneizar os níveis de exigência, sem subestimá-los: "Garantias da democratização da escola, guias do aprendizado e salvaguardas da avaliação, os blocos de competências balizam o difícil caminho que deve levar, mais além da igualdade de acesso à escola, à igualdade dos resultados da ação educacional e das exigências fixadas para todas as crianças" (1994, p. 15). O documento faz a distinção entre competências transversais e competências disciplinares.

As competências transversais estão "intimamente ligadas às competências disciplinares, pois encontram-se na intersecção de diferentes disciplinas. Constituem não só os processos fundamentais do pensamento, transferíveis de uma matéria para outra, como também englobam todas as interações sociais, cognitivas, afetivas, culturais e psicomotoras entre o aluno e a realidade em seu ambiente" (*ibid.*, p. 11). Entre as competências disciplinares, o documento distingue competências globais, ditas de integração, "que reúnem e organizam um conjunto de conhecimentos, *saber-fazer* e *saber-ser* em suas dimensões transversais e disciplinares" (*ibid.*, p. 19) e competências específicas, "a serem desenvolvidas em situações de aprendizado para chegar-se, com o tempo, a um domínio maior das competências de integração" (*ibid.*, p. 20). "Trocar correspondência, comunicar-se por carta para informar" é uma competência de integração na língua materna que mobiliza várias competências específicas:

- escolher as informações adequadas;
- organizar a carta dentro da estrutura geral apropriada (data, cabeçalho, saudações, etc.);
- garantir a coerência entre as frases (tempo dos verbos, elementos de ligação, indicadores espaço-temporais, etc.);
- utilizar o vocabulário apropriado, em função do conteúdo;
- construir frases corretas;
- respeitar as convenções ortográficas;
- organizar o texto de maneira satisfatória na página.

A seguir, o documento dedica 25 páginas ao desenvolvimento das competências de integração e das competências científicas propostas em francês e, em 35 páginas, o equivalente para a matemática. Para essas duas disciplinas dominantes do ensino fundamental, constam ao lado de cada competência os indicadores de domínio a serem alcançados no fim do ciclo, aos 8 e 12 anos de idade.

Na página a seguir, por exemplo, há o trecho de uma competência matemática (*ibid.*, p. 85):

QUADRO 2.2 Exemplo de competência matemática

Perceber seres geométricos nos objetos familiares	Indicadores aos 8 anos	Indicadores aos 12 anos
Distinguir sólidos, áreas, linhas e pontos	Em construção	Identificar no ambiente o que corresponde a sólidos, áreas, linhas, pontos
Reconhecer certos sólidos e nomeá-los	Reconhecer, em um conjunto de objetos familiares, aqueles que têm a forma de um cubo	Reconhecer, em um conjunto de objetos familiares, aqueles que têm a forma de um cubo, de um paralelepípedo retangular, de um cilindro, de uma pirâmide e de um cone
Reconhecer certas áreas e nomeá-las	Reconhecer, nas áreas superiores dos objetos familiares, a forma do retângulo, do quadrado, do triângulo (sem discriminar os triângulos particulares) e do disco	Reconhecer nas faces dos objetos familiares a forma do retângulo, do quadrado, do losango, do trapézio, do triângulo e do hexágono
Reconhecer as relações de paralelismo e de perpendicularidade	Em construção	Reconhecer faces ou lados paralelos ou perpendiculares

Na parte reservada ao ensino médio, são acrescentados capítulos mais curtos, relativos às ciências, às línguas modernas e ao trio "história–geografia–estudo do meio".

Voltam a aparecer noções familiares, pois essas competências supõem conhecimentos, mais especialmente a construção de conceitos e da linguagem correspondentes. Nota-se também a *estreita imbricação entre uma concepção das competências e a organização lógica de um bloco*. Quem quiser construir um bloco pode inspirar-se em um documento como esse, porém deverá verificar antes se ele adota a mesma definição das competências transversais e disciplinares.

Em um documento do ministério belga, divulgado em 1996, vê-se surgir uma representação mais gráfica, inspirada dos trabalhos de Edith Wegmüller e Linda Allal, de Genebra, direcionados para a *avaliação das competências*. Nessa perspectiva, uma competência principal remete para competências relacionadas (satélites).

A principal dificuldade teórica na redação de um bloco é a descoberta do encaixe tipo bonecas russas.

Um programa é um bloco de competências? Na concepção belga, os blocos não substituem nem os programas, nem os documentos pedagógicos. Mas, então, o que acontece com os programas? Serão uma simples lista de conhecimentos, recursos indispensáveis à espera de mobilização? Nesse caso, surge a questão de sua organização lógica e cronológica. Deve-se ensinar os conhecimentos por si, conforme programas nocionais, ou organizá-los "em estrela", em torno de competências que os mobilizam e justificam sua assimilação naquele momento do currículo?

Utilizar o dicionário

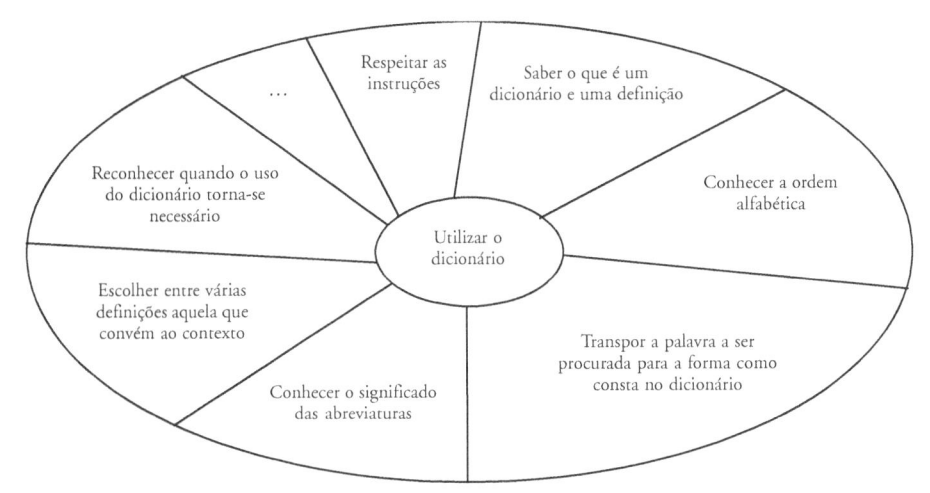

- ...
- Respeitar as instruções
- Saber o que é um dicionário e uma definição
- Conhecer a ordem alfabética
- Transpor a palavra a ser procurada para a forma como consta no dicionário
- Conhecer o significado das abreviaturas
- Escolher entre várias definições aquela que convém ao contexto
- Reconhecer quando o uso do dicionário torna-se necessário

FIGURA 2.1 Representação gráfica de uma competência principal e suas competências relacionadas.

Ficamos entre duas lógicas. Uma levaria a limitar-se a competências amplas, sugerindo, a título indicativo, o inventário dos recursos que mobilizam competências mais específicas, *savoir-faire*, métodos ou conhecimentos disciplinares. Assim, não haveria um programa, em função do risco de os conhecimentos trabalhados diferirem fortemente de uma classe para outra, sob o domínio tanto da diversidade das situações de aprendizados como das concepções das práticas referenciais e das competências. Não existe, com efeito, nenhum consenso fácil sobre os recursos mobilizados por uma competência, mesmo tão neutra como "saber utilizar o dicionário". Conforme suas visões das operações em jogo e o peso conferido aos diversos recursos adquiridos, os professores não trabalhariam exatamente as mesmas competências. Para alguns, o uso do dicionário suporia a prévia exploração de campos semânticos estruturados, partindo do princípio de que utilizá-lo requer conhecer de forma aproximada o sentido de muitas palavras; outros insistiriam no conhecimento do dicionário como ferramenta de trabalho, com sua história, seus códigos e suas convenções, as escolhas que subjazem a organização e a redação das abreviaturas, os modos mais racionais e pertinentes de consulta, por exemplo, durante a leitura ou a redação de um texto.

A segunda lógica seria a de não deixar nada ao acaso, propondo um monstruoso edifício, um labirinto no qual somente os autores dos blocos de competências não ficariam perdidos, tamanha a pletora de informações, dos encaixes sem fim e dos caminhos tortuosos.

Como sempre, a escola balançará entre duas tentações: por um lado, confiar nos docentes, sob o risco de aumentar as desigualdades; por outro lado, controlar tudo, sob o risco de encorajar uma transposição didática burocrática: "eu trabalho tal competência, que mobiliza tais conhecimentos, conforme indicado à página 563 do volume XVI dos blocos de competências".

Enquanto os programas nocionais não dizem nada a respeito da transferência de conhecimentos interna (desde o programa até os conteúdos efetivos do ensino e do trabalho escolar), nem dos métodos de ensino-aprendizado ou de avaliação, remetendo os professores para suas crenças pessoais, para sua formação e para os métodos e manuais escolares, a abordagem por competências não pode assumir tamanha *dicotomia* entre o programa, por um lado, e os processos e ferramentas de formação, por outro. Isso poderia restringir a autonomia dos docentes e, ao mesmo tempo, exigir deles um nível mais alto de profissionalização, ou seja, de responsabilidade.
Nas formações profissionalizantes, os planos de formação insistem tanto nos dispositivos e processos quanto nas competências visadas, pois isso forma um todo. Como encontrar tamanha unidade no ensino de base sem regredir para uma (nova) tentativa de normalização das práticas pedagógicas? Não vejo nenhuma solução simples para esse dilema. A única via parece-me ser a de *não dissociar* a escrita de novos programas de uma reflexão sobre as práticas de ensino, do trabalho escolar, dos dispositivos de ensino-aprendizado.

Voltarei a isso quando falar das estratégias de mudança. Por ora, concluirei com uma idéia simples: o sistema educacional só pode formar em competências desde a escola se a maioria dos professores aderir livremente a essa concepção de sua tarefa. Mais do que nunca, os programas só podem conformar e acompanhar a evolução das mentes.

3
Implicações do ofício de docente

Formar em verdadeiras competências durante a escolaridade geral supõe – e talvez estejamos começando a entendê-lo – uma considerável transformação da relação dos professores com o saber, de sua maneira de "dar a aula" e, afinal de contas, de sua *identidade* e de suas *próprias competências profissionais*.

Desde já, podemos considerar como Meirieu (1990b) que estamos a caminho de um *ofício novo*, cuja meta é antes fazer aprender do que ensinar. A abordagem por competências junta-se às exigências da focalização sobre o aluno, da pedagogia diferenciada e dos métodos ativos, pois convida, firmemente, os professores a:

- considerar os conhecimentos como recursos a serem mobilizados;
- trabalhar regularmente por problemas;
- criar ou utilizar outros meios de ensino;
- negociar e conduzir projetos com seus alunos;
- adotar um planejamento flexível e indicativo e improvisar;
- implementar e explicitar um novo contrato didático;
- praticar uma avaliação formadora em situação de trabalho;
- dirigir-se para uma menor compartimentação disciplinar.

Examinemos mais de perto as implicações de cada uma dessas competências, aqui analisadas sob o ângulo das condições de construção de reais competências desde a escola.

ABORDAR OS CONHECIMENTOS COMO RECURSOS A SEREM MOBILIZADOS

Um "simples erudito", incapaz de mobilizar com discernimento seus conhecimentos diante de uma situação complexa, que exija uma ação rápida, não será mais útil do que um ignorante. Uma abordagem por competências determina o lugar dos conhecimentos – eruditos ou não – na ação: eles constituem *recursos*, freqüentemente determinantes, para identificar e resolver problemas, para preparar e para tomar decisões. Só valem quando disponíveis no momento certo e quando conseguem "entrar em sintonia" com a situação. Não se trata de expor de maneira erudita, à vontade, *tudo quanto se poderia ter feito,* ponderando e lembrando, metodicamente, conhecimentos esquecidos e consultando obras de peso, mas sim de decidir nas condições efetivas da ação, às vezes, com informações incompletas, com urgência ou estresse, levando-se em consideração parceiros pouco cooperativos, condições pouco favoráveis e incertezas de todos os tipos.

Não é outra a maneira de agir dos professores, quando estão ensinando. Porém, será que eles sabem disso? Na imagem de sua prática, eles não estarão dando preferência a uma ação pensada, ditada pelo conhecimento e pela razão? Ao analisarem os não-ditos, a parte da improvisação, da precipitação e do malabarismo em sua ação (Perrenoud, 1994, 1996c), alguns se reconhecem, outros resistem com força e consideram essa representação depreciativa: "Medo, eu? Nunca! Sempre sei o que estou fazendo, pois preparo minhas aulas, sigo meu plano, não me deixo desviar ou afastar deste, 'seguro' as dúvidas dos alunos, domino as situações, avanço conforme previsto no meu programa, sem precipitação nem pânico, avalio com serenidade, capítulo por capítulo".

A comédia do domínio impede os professores de saber o que fazem de verdade e de construir uma imagem realista de suas próprias competências profissionais. Isso os priva de chaves para representarem a natureza, a gênese e a implementação das competências dos alunos. Se os professores acreditam estar agindo, em sala de aula, essencialmente graças ao seu saber e à razão, como podem aderir à idéia de que desenvolver competências não equivale, pura e simplesmente, a assimilar conhecimentos?

Mesmo quando aceitam a idéia de competência, alguns professores podem sentir-se, inicialmente, encarregados de dar conhecimentos básicos aos seus alunos, pensando que, antes de mobilizá-los em determinada situação, devem adquiri-los de acordo com uma progressão metódica e organizada no "texto do saber". Não será essa a única via de acesso a conhecimentos coerentes e completos? Os professores acostumados a uma abordagem disciplinar não imaginam, realmente, a possibilidade de "transmitir sua matéria a propósito de um problema", quando toda a tradição pedagógica leva-os a *autonomizar a exposição dos conhecimentos* e a conceber as situações de implementação como simples exercícios de compreensão ou de memorização de conhecimentos previamente ensinados em uma ordem "lógica".

A formação de competências exige uma pequena "revolução cultural" para passar de uma lógica do ensino para uma lógica do treinamento (*coaching*), baseada em um postulado relativamente simples: constroem-se as competências exercitando-se em *situações complexas*. As faculdades de medicina, por exemplo, que optaram pelo *aprendizado por problemas* praticamente desistiram dos cursos *ex cathedra*. Já no primeiro ano, o currículo confronta os estudantes com verdadeiros problemas clínicos, que os obrigam a procurar informações e conhecimentos, isto é, a identificar os recursos que faltam e adquiri-los para voltar, melhor armados, ao processamento da situação. A tarefa dos professores não é, portanto, a de improvisar aulas. Ela lida com a regulação do processo e, freqüentemente, com a construção de problemas de complexidade crescente. Aí está o maior investimento: vê-se claramente que tal prática remete para outra epistemologia e para outra representação da construção dos conhecimentos na mente humana. Atualmente, apesar de mais de um século de movimentos de escola nova e de pedagogias ativas, apesar de várias décadas de abordagens construtivistas, interacionistas e sistêmicas nas ciências da educação, os modelos transmissivos e associacionistas conservam sua legitimidade e, com uma certa freqüência, dominam a cena.

> Entenda-se: não se trata de renunciar a qualquer ensino "organizado". Pode-se muito bem imaginar a harmoniosa coexistência das duas lógicas, desde que não se esqueça de que, por natureza, a lógica do ensino é imperialista, que jamais há tempo suficiente de expor o "mínimo do que se deve saber antes de agir". Isso leva os currículos clássicos de medicina a concentrar três anos de teorias – física, química, biologia, anatomia, fisiologia, farmacologia, etc. – antes de ser iniciada a primeira experiência clínica. Para manter-se um improvável equilíbrio, é sensato inscrevê-lo no dispositivo e, em um certo sentido, *impô-lo a cada professor*, para ajudar este último a lutar contra a tentação de voltar para uma pedagogia da ilustração da teoria com alguns casos concretos no fim do percurso. Ou, em contrapartida, uma pedagogia da sensibilização inicial com alguma demonstração apetecedora antes da aula teórica. Trabalhar para o desenvolvimento de competências não se limita a torná-las desejáveis, propondo uma imagem convincente de seu possível uso, nem ensinando a teoria, deixando entrever sua colocação em prática. Trata-se de "*aprender, fazendo, o que não se sabe fazer*", a fim de retomar a bela fórmula de Philippe Meirieu (1996).

Isso supõe importantes mudanças identitárias por parte do professor. Abordarei quatro delas.

1. Não considerar uma relação pragmática com o saber como uma relação menor; a universidade continua fingindo acreditar que a maioria de seus estudantes destina-se à pesquisa, isto é, a um ofício em que a produção e a organização metódica dos conhecimentos prevalecem sobre seu uso imediato. Assim sendo, a partir da pesquisa aplicada, o saber universitário parece estar ameaçado por uma irreversível degradação, quando sujeito às contingências da ação humana. Os graduados pela universidade devem aceitar um importante trabalho – ainda não-assumido pela formação dos docentes – para seguir o caminho inverso, reconstruir uma relação com o saber menos pautado em uma hierarquia que começa no saber erudito descontextualizado e vai até os conhecimentos sem nome oriundos da experiência, bem como entender que os conhecimentos sempre se ancoram, em última análise, na ação.

2. Aceitar a desordem, a incompletude, o aspecto aproximativo dos conhecimentos mobilizados como características inerentes à lógica da ação. A propósito de qualquer situação concreta, um erudito poderia desfiar, passo a passo, todo o "novelo teórico". Ao responder a uma pergunta, o professor tem a tentação de antecipar e responder, de antemão, a todas as perguntas que ainda não lhe foram feitas, o que transforma a resposta em uma aula. Trabalhar na construção de competências significa aceitar aportar o mínimo requerido, sabendo-se que o restante virá *depois*, opor-

tunamente, de maneira mais desordenada, é verdade, porém em função de uma real necessidade.

3. Desistir do domínio da organização dos conhecimentos na mente do aluno. Cada professor investiu tempo e esforços para dominar o que está ensinando. Além de seus conteúdos, os conhecimentos encontraram, em sua mente, uma organização que, pouco a pouco, parece-lhe "evidente" e que subentende a estrutura de sua aula teórica. Ele espera de seus alunos não só o domínio dos componentes, mas também a restituição dessa estrutura. Ora, em um trabalho norteado pelas competências, o problema, e não o discurso, é que organiza os conhecimentos, ou seja, parte da ciência do *magister* é ignorada. Resta-lhe apenas reconstruir outras satisfações profissionais, tais como as do *treinador*, cuja perícia não consiste em expor conhecimentos de maneira discursiva, mas sim de sugerir e de fazer trabalhar as ligações entre conhecimentos e situações concretas.

A essa privação "epistemológica" acrescenta-se outra, não menos difícil de aceitar, para quem escolheu a carreira de docente sonhando com uma posição de destaque. Em princípio, um treinador fica à beira do campo. Embora possa, ocasionalmente, permitir-se "pôr a mão na massa", ele não pode substituir de maneira constante o aprendiz, sob pena de impedir que este aprenda. Assim, o professor deve renunciar tanto à felicidade da demonstração esplendorosa quanto à palavra *ex cathedra*, o que não impede que se desenvolva soberanamente, disponha de seu tempo e aja livremente fora de qualquer contradição e até de qualquer diálogo. Analisei em outro trabalho (Perrenoud, 1996b) os *lutos* pedidos pelas pedagogias diferenciadas. A abordagem por competências exige as mesmas desistências, as quais ninguém fará, se não encontrar em outro funcionamento satisfações profissionais no mínimo equivalentes.

4. Ter uma prática pessoal do uso dos conhecimentos na ação. Um professor de ciências que não participa de nenhum processo de pesquisa ou de aplicação tecnológica de seus conhecimentos, que nem sequer experimenta, terá alguma chance de *representar* de maneira realista o funcionamento dos conhecimentos na ação? Um professor de francês que não mantém nenhuma correspondência, que não escreve nem publica nada, que não participa de debate algum, que não intervém em outra parte que não na sua sala de aula, pode ter uma imagem realista do "que quer dizer falar" (Bourdieu, 1982) ou do que significa escrever? É verdade que a aula é um mercado lingüístico sobre o qual o professor deseja reinar. Se nunca se deparar com outros mercados lingüísticos, o que poderá saber da palavra ou da escrita como ferramentas nas relações sociais? *Uma pedagogia das competências requer uma transposição didática tanto a partir das práticas sociais quanto a partir dos conhecimentos eruditos descontextualizados* (Martinand, 1986). As práticas sociais não estão vazias de conhecimentos, sejam eruditos ou comuns. Os professores exercem um papel definido, do qual só se pode ter uma idéia exata por meio de uma experiência pessoal. Um especialista, por exemplo, utiliza seus conhecimentos como ferramentas para a ação. Pode-se imaginar um treinador esportivo ou um professor de dança ou de música

que não tenham sido e não continuam sendo práticos de nível aceitável? Para ensinar conhecimentos, bastar ser um pouco erudito; para formar em competências, melhor seria que parte dos formadores as possuíssem...

TRABALHAR REGULARMENTE POR PROBLEMAS

Um treinador não dá muitas aulas. Coloca o aprendiz em situações que o obrigam a alcançar uma meta, a resolver problemas, a tomar decisões. No campo da educação escolar, praticar mais e mais não é o suficiente. Até no campo das artes, dos esportes ou dos ofícios, em que o exercício constante é indispensável, é preciso confrontar-se com dificuldades específicas, bem dosadas, para aprender a superá-las. É por isso que um jogador de futebol ou de tênis não treina unicamente jogando partidas. No campo dos aprendizados gerais, um estudante será levado a construir competências de alto nível somente confrontando-se, regular e intensamente, com *problemas* numerosos, complexos e realistas, que mobilizem diversos tipos de recursos cognitivos.

A noção de problema é fonte de confusão. O *aprendizado por problemas*, desenvolvido em certas formações profissionalizantes, notadamente em algumas faculdades de medicina, supõe "simplesmente" que os estudantes sejam colocados em situação de identificação e resolução de problemas, construídos pelos professores de maneira a encorajar uma progressão na assimilação dos conhecimentos e na construção das competências (Tardif, 1996).

O trabalho sobre os *problemas abertos*, desenvolvido na didática da matemática (Arsac, Germain e Mante, 1988), insiste em problemas com enunciados curtos, que não induzem nem o método, nem a solução. Esta última não é encontrada pela aplicação metódica do bom logaritmo ou pelo uso impensado dos últimos procedimentos ensinados. Os alunos devem procurar a solução, construí-la, o que evidentemente supõe que a tarefa proposta esteja em sua zona de desenvolvimento próxima e que possa apoiar-se em uma certa familiaridade com o campo conceitual implicado.

O trabalho por *situações-problema* também é diferente. Essa abordagem, desenvolvida em particular por Philippe Meirieu (1989), foi retomada por muitos didáticos (Astolfi, 1996, 1997; Develay, 1992, 1995; De Vecchi e Carmona-Magnaldi, 1996; Étienne e Lerouge, 1997), nas disciplinas mais variadas, desde a matemática até a educação física. Por que não falar simplesmente em problemas? Para insistir no fato de que, para ser "realista", um problema deve estar de alguma maneira "incluído" em uma situação que lhe dê *sentido*. Há várias gerações de alunos, a escola tem proposto problemas artificiais e descontextualizados: as famosas histórias de trens e banheiras.* O problema escolar a "resolver", no tradicional exercício do *ofício de*

---

*N. de T. O autor alude aos exercícios de física nos quais, por exemplo, o aluno deve calcular em que ponto dois trens, saídos de estações diferentes a velocidades variáveis, irão encontrar-se, ou quanto tempo leva para que uma banheira com x litros de água seja totalmente esvaziada.

aluno (Perrenoud, 1996a), é uma tarefa que cai do céu, uma forma de exercício. A noção de situação lembra, por outro lado, a "revolução copernicana" operada pelas pedagogias construtivistas e pelas didáticas das disciplinas: se seguirmos essas correntes de pensamento, o ofício de docente não consistiria mais em ensinar, mas sim em *fazer aprender*, isto é, criar situações favoráveis, que aumentem a probabilidade do aprendizado visado.

Talvez seja razoável:

- em primeiro lugar, apelar para diversos tipos de situações-problema, umas construídas para fins bastante precisos, outras surgindo de maneira menos planejada, por exemplo, durante um processo de projeto; em ambos os casos, é importante que o professor saiba aonde quer chegar, o que quer trabalhar, *quais os obstáculos cognitivos com os quais quer confrontar todos ou parte de seus alunos*;
- em segundo lugar, trabalhar os recursos, de um lado, em situação, ao vivo, quando necessário; de outro, trabalhá-los separadamente, à maneira de um atleta que treina diversos gestos isolados antes de integrá-los a uma conduta global.

Uma situação-problema não é uma situação didática qualquer, pois deve colocar o aprendiz diante de uma série de decisões a serem tomadas para alcançar um objetivo que ele mesmo escolheu ou que lhe foi proposto e até traçado. Pragmático não quer dizer utilitarista: pode-se traçar como projeto entender a origem da vida tanto quanto lançar um foguete, inventar um roteiro ou uma máquina de costura. Entre as dez características de uma situação-problema [Astolfi, 1993, ou Astolfi *et al.*, 1997, p. 144-145], destacarei que ela:

• *"está organizada em torno da superação de um obstáculo pela classe, obstáculo este previamente* identificado";
• *"deve oferecer uma* resistência suficiente*, que leve o aluno a investir seus conhecimentos anteriores disponíveis, bem como* suas representações*, de maneira que leve ao seu questionamento e à elaboração de novas idéias"*.

"O importante é o obstáculo", diz ainda Astolfi (1992, p. 132). R. Étienne e A. Lerouge distinguem a noção de obstáculo da noção de dificuldade:

"A título de exemplo, quando se quer fazer com que os alunos apropriem-se do fato de que a Terra gira em torno do Sol, surge a convicção empirista inversa, fortemente estruturada pela concepção cotidiana do fenômeno: eles estão convictos de que o Sol é que gira em torno da Terra. Essa convicção bloqueia, temporariamente, seu acesso ao conhecimento científico e necessita de forte desestabilização para ser acomodada na convicção inversa. Trata-se, no caso, de um obstáculo e não de uma dificuldade. (...) **Obstáculo***: convicção errônea, fortemente estruturada, que tem um estatuto de verdade na mente do aluno e que bloqueia o aprendizado. Um obstáculo é diferente de uma "dificuldade", no sentido de que esta se insere*

Construir as competências desde a escola **59**

em uma falta de conhecimento ou de técnica não-estruturada, a priori, *em convicção de verdade. O processamento de um obstáculo necessita, geralmente, da implementação de uma situação-problema*" (Étienne e Lerouge, 1997, p. 65).

Os autores fornecem outro exemplo:

"Quando se propõe a alunos do último ano do ensino médio que respondam à pergunta relativa ao número de pontos de intersecção das retas nas figuras abaixo, constata-se, com surpresa, que quase a metade deles considera que a intersecção reduz-se a um ponto na figura (1), quando ela conta vários pontos na figura (2).

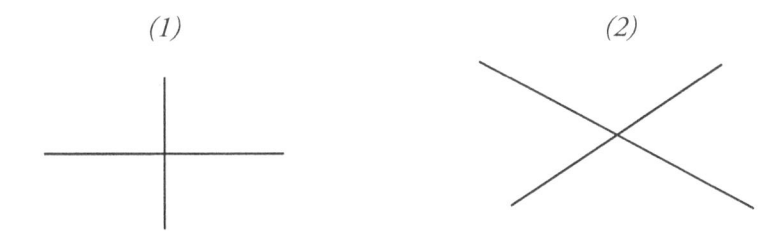

(1)   (2)

Essas respostas e os comentários que seguem foram fornecidos por alunos do último ano do enisno médio e estão em total contradição com o ensino da geometria que sempre martela a idéia de que duas retas cruzam-se em um único ponto" (Étienne e Lerouge, p. 65).

Para apreender o obstáculo, é preciso analisar a resistência dos alunos à noção matemática de reta sem espessura e imaginar que eles representem de alguma maneira a intersecção de duas retas como se fosse o cruzamento de duas rodovias, que ocupam uma área maior quando não se cortam em um ângulo reto:

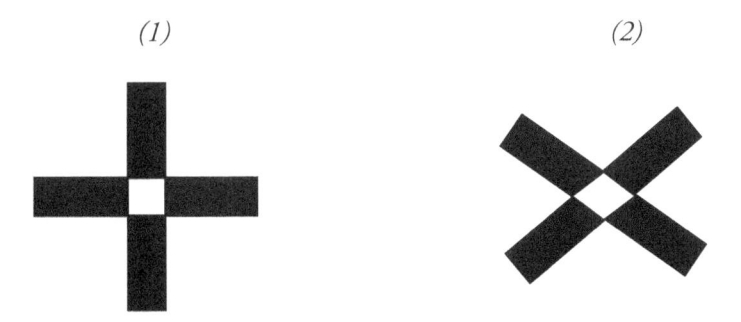

(1)   (2)

Daí a importância, para o professor, de identificar e de ajudar o aluno a identificar o obstáculo e torná-lo o ponto nodal da ação pedagógica, o que Martinand (1986) propôs chamar de *objetivo-obstáculo*. Cabe ao professor fornecer indícios e implementar um *escoramento* que evite a sensação de impotência e o desânimo. Não lhe é proibido assumir certas operações delicadas, as quais são passagens obrigatórias, mas que exigem dos alunos tanto tempo e energia que a atividade perder-se-ia na areia, se eles não estivessem dispensados de uma parte das operações.

Esse processo tem incidências sobre a identidade e as competências dos docentes:

1. Visar ao desenvolvimento de competências é "quebrar a cabeça" para criar situações-problema que sejam, ao mesmo tempo, mobilizadoras e orientadas para aprendizados específicos. Essa forma de inventividade didática requer uma transposição didática mais difícil, que se inspira nas práticas sociais e nos conhecimentos de todo gênero que as abrange. Isso passa por uma formação mais aprofundada em psicologia cognitiva e em didática e, também, por uma maior "imaginação sociológica" e a capacidade de representar atores lidando com problemas reais. Isso exige, ainda, uma capacidade de renovação e de variação, pois as situações-problema devem permanecer estimulantes e surpreendentes.

2. Supor um certo recuo em relação ao programa, uma capacidade de identificar os aprendizados efetivamente solicitados, tenham sido eles previstos ou não, e a convicção de que, trabalhando-se dessa maneira, não se poderá passar ao largo de nenhum objetivo essencial, mesmo que abordado em desordem. Vê-se que esse modo de trabalho requer um domínio maior da disciplina e do que Develay (1992) chama de *matriz disciplinar*, em outras palavras, suas questões fundadoras, que a constituem e organizam como tal, em um certo fechamento em relação às disciplinas afins. É nesse aspecto que o professor pode situar-se, aproveitar oportunidades e construir ligações.

3. Estruturar, deliberadamente, obstáculos ou antecipá-los e localizá-los em uma tarefa inserida em dado processo de projeto exige uma grande capacidade de análise das situações, das tarefas e dos processos mentais do aluno, acompanhada por uma capacidade de ver de outro ponto de vista, de esquecer sua própria perícia para "colocar-se no lugar" dele, para ter tempo de entender o que o bloqueia. Isso é necessário porque para o físico, o matemático, o gramático ou o geógrafo, que esqueceram a gênese de seus próprios conceitos, a noção parece "evidente" e o obstáculo, desprezível. Precisamos acrescentar que tal fato supõe uma forte capacidade de comunicação com o aluno, para ajudá-lo a verbalizar o que o incomoda ou bloqueia, para incentivá-lo a uma forma de metacognição?

4. Trabalhar por situações-problema supõe, ainda, capacidades de gestão de aula em um ambiente complexo: os alunos, às vezes, trabalham em grupos, a duração das atividades é de difícil previsão e padronização e os imprevistos epistemológicos acrescentam-se às dinâmicas incertas do grupo-aula.

CRIAR OU UTILIZAR OUTROS MEIOS DE ENSINO

O trabalho por "situações-problema" não pode utilizar os atuais meios de ensino, concebidos em uma outra perspectiva. Não há necessidade de cadernos de exercícios ou de fichas a perder de vista, mas sim de situações interessantes e pertinentes, que levam em conta a idade e o nível dos alunos, o tempo disponível, as competências a serem desenvolvidas. Esses meios são, antes de tudo, idéias, esboços de situações, e não mais atividades entregues "prontas para uso". Embora se possa dar tarefas tradicionais aos alunos com um simples *"Tomem o seu livro e façam o exercício nº 54 à página 19"*, não é possível lançar um processo em torno de uma situação-problema de maneira tão unilateral, autoritária e econômica.

Não se pode esperar de um professor que ele imagine e crie sozinho, ininterruptamente, situações-problema cada uma mais apaixonante e pertinente do que as outras. Por isso, seria importante que os editores ou os serviços de didática colocassem à sua disposição idéias de situações, pistas metodológicas e materiais adequados. Esses meios seriam diferentes dos encontrados nas livrarias especializadas em material escolar, pois seriam concebidos e realizados por pessoas norteadas pela abordagem por competências, a qual requer outras didáticas. Toda evolução nesse sentido choca-se com o poder dos editores de livros escolares, para quem os programas nocionais por séries garantem fabulosos mercados! Meios orientados para a formação de competências seriam de concepção mais difícil e mais cara, por serem menos repetitivos e exigirem de seus autores mais gênio do que compilação. Ao mesmo tempo, as tiragens seriam muito menores, porque com freqüência bastaria um único exemplar por classe. Reinventar meios de ensino, em função de uma pedagogia das situações-problema e das competências, não é, em absoluto, evidente e entra em conflito com grandes interesses econômicos. De maneira geral, a elaboração de novos programas desconsidera a inércia do sistema, gerada pelo modo de produção dos materiais escolares, dos espaços escolares, dos equipamentos e de outros meios de ensino.

Nem por isso se parte de zero, pois:

- a abordagem por competências não é totalmente nova; os movimentos da escola ativa têm proposto atividades complexas, por exemplo, em Freinet, a elaboração de um jornal ou a prática de uma correspondência;
- os exercícios mais interessantes e abertos dos manuais clássicos podem ser utilizados, desviados até, no sentido de uma abordagem por competências.

Continua sendo necessário que os grandes produtores de meios de ensino reorientem suas "linhas de produtos"; se um ministério da educação quiser promover a abordagem por competências, deverá estimular os editores e a informática escolares nesse sentido e oferecer garantias quanto à estabilidade de sua política. É importante, também, que os professores mais avançados e os pesquisadores envolvidos estejam associados à concepção dos novos meios. O pior seria encontrar, no lugar dos exercícios escolares tradicionais, situações-problema tão estereotipadas, inspiradas no mesmo "pronto-para-ensinar". Uma situação-problema não tem razão nenhuma para ser improvisada, muito pelo contrário. Ora, a inventividade didática tem seus limites. Assim, é útil que cada professor disponha de muitas sugestões. Mas, ao contrário de um exercício que pode simplesmente ser dado aos alunos sem ter sido examinado detalhadamente e sem saber exatamente o que ele mobiliza, uma situação-problema exige ser *habitada* pelo docente, que deve apropriar-se dela após tê-la caracterizado a partir de um ponto de vista epistemológico, didático e pedagógico.

Isso supõe, por parte do docente:

1. Uma certa independência para com o mercado dos meios de ensino, uma capacidade de adaptá-los e livrá-los de suas finalidades oficiais.

2. A competência de produzir situações-problema "sob medida", trabalhar com o que está à mão, sem temer o desvio de ferramentas ou de objetos concebidos para outros fins. Para trabalhar com situações-problema, utiliza-se, por exemplo, de preferência *softwares* didáticos, aplicativos (editor de texto, programas de desenho ou de gestão de arquivos, planilhas e calculadoras) que são os auxiliares diários das mais diversas tarefas intelectuais.

NEGOCIAR E CONDUZIR PROJETOS COM OS ALUNOS

Não é possível imaginar que o professor defina de modo unilateral as situações-problema. É verdade que sua tarefa consiste em propô-las, porém negociando-as o bastante para que se tornem significativas e mobilizadoras para muitos alunos. Não é uma simples questão de ética: a relação pedagógica é, fundamentalmente, assimétrica. O professor não está ali para atender a qualquer preço as demandas dos alunos. A negociação é uma forma não só de respeito para com eles, mas também um desvio necessário para implicar o maior número possível de alunos em processos de projeto ou solução de problemas. Isso, é óbvio, só funciona se o poder for realmente partilhado e se o professor escutar as sugestões e as críticas dos alunos, lidando corretamente com as situações.

Não é necessário inserir cada situação-problema em um projeto. As virtudes do processo de projeto devem ser balanceadas com seus efeitos perversos; de um lado, a tensão em direção a um objetivo ambicioso é uma inesgotável reserva de problemas reais, que são outras tantas ocasiões para consolidar ou desenvolver competências; de outro, essa própria tensão pode impedir o aprendizado, pois o obstáculo que surge da ação não está concebido para fazer aprender. Este pode ser grande demais ou alheio aos aprendizados a serem construídos. Além disso, entrando-se no jogo, haverá o desejo de ser *bem-sucedido* sem, necessariamente, compreender (Piaget, 1974). A lógica da ação, por outro lado, é utilizar da melhor maneira possível as competências existentes, o que leva a não solicitar os que teriam a maior necessidade de progredir, pois, em uma lógica do sucesso, eles retardam ou põem em perigo o empreendimento comum. Portanto, a abordagem por competências junta-se apenas parcialmente às pedagogias do projeto e às pedagogias cooperativas. A meta aqui não é, antes de tudo, tornar autônomo e ativo, mas sim confrontar com obstáculos que impõem aprendizados novos.

Ou seja, os professores que entram nesse caminho precisam de novos trunfos:

1. A capacidade e a vontade de *negociar tudo quanto pode sê-lo* não só para ser democrático, mas também porque a divisão do poder é um modo de favorecer o que os didáticos da matemática, especialmente Brousseau, chamaram de a *devolução do problema para o aluno*. Ninguém entra na carreira política com a ilusão de que vai impor sua vontade sem negociar. A negociação não está inscrita na identidade dos docentes e, quando se torna necessária, pode aparecer como uma vil barganha em vez de uma alavanca pedagógica.

2. Um bom conhecimento dos processos de projetos e das dinâmicas de grupos restritos, de maneira a evitar os efeitos perversos e os erros clássicos e identificar com precisão as vantagens e os efeitos perversos desses processos a partir de um ponto de vista didático.

3. Uma capacidade de mediação entre os alunos e de estimulação do debate, pois os projetos são negociados tanto *entre eles* quanto com o professor.

4. Capacidades de metacomunicação e de análise do funcionamento de um grupo de tarefas, as quais permitem formular e pensar os problemas encontrados por esse tipo de processo: lassidão, liderança, exclusões e clãs, estratégias de diferenciação, táticas minimalistas. As pedagogias ativas e cooperativas enfrentam os mesmos problemas, e isso não é diferente com as pedagogias diferenciadas. Assim, a abordagem por competências está em boa companhia.

ADOTAR UM PLANEJAMENTO FLEXÍVEL, IMPROVISAR

Não se pode ensinar por competências conhecendo-se, na volta às aulas, o que será tratado no mês de dezembro, pois tudo dependerá do nível e da implicação dos alunos, dos projetos implementados, da dinâmica do grupo-aula. Dependerá, sobretudo, dos eventos anteriores, pois cada problema resolvido pode gerar outros. Ocasionalmente, é salutar interromper certas seqüências e partir para um novo projeto. Pode-se também considerar a construção passo a passo do ano escolar, em que uma questão traz outra; ao ser concluído, um projeto sugere outra *aventura*.

A palavra pode parecer forte demais, quando se trata de uma instituição tão burocratizada e obrigatória como a escola. Porém, trata-se mesmo de aventuras intelectuais, de empreendimentos com resultado desconhecido, que ninguém, nem sequer o professor, jamais viveu em condições exatamente iguais. Tal pedagogia requer um planejamento didático *flexível*. Quando se trabalha por projetos e por problemas, sabe-se quando uma atividade começa, mas raramente se sabe quando e como acabará, pois a situação carrega consigo uma dinâmica própria. Por exemplo, a montagem de um espetáculo concebido com base em uma pesquisa no bairro exigirá não quatro semanas, como inicialmente previsto, mas dois meses, durante os quais se deve desistir de fazer outras coisas. Os projetos têm suas próprias exigências de sucesso e só têm um sentido quando lhes for dada a prioridade, ao menos em certas fases cruciais. Ou seja, eles invadem outras partes do currículo e exigem do professor uma grande *flexibilidade*.

A abordagem por competências leva a fazer menos coisas, a dedicar-se a um *pequeno número de situações fortes e fecundas*, que produzem aprendizados e giram em torno de importantes conhecimentos. Isso obriga a abrir mão de boa parte dos conteúdos tidos, ainda hoje, como indispensáveis. Será que os novos programas escolares permitem essa diminuição da carga? É permitido duvidar. O ideal seria dedicar mais tempo a um pequeno número de situações complexas do que abordar um grande número de assuntos que devem ser percorridos rapidamente, para virar a última página do manual, no último dia do ano letivo.

Isso requer do professor:

1. Uma grande tranqüilidade e o controle de suas angústias pessoais, para que o planejamento não se torne um modo simples de sossego. Não planejar tudo em detalhe não proíbe nem os roteiros, nem um planejamento indicativo.

2. A capacidade de instaurar vários regimes do saber, de fazer coexistir faixas dedicadas às situações-problema com outras mais propícias à progressão em um currículo estruturado ou aos exercícios mais convencionais.

3. A capacidade para um constante balanço em relação aos objetivos do ano e para regular a escolha das situações-problema e a conseqüente conduta dos projetos, levando-se em consideração os ensinamentos adquiridos e as faltas observadas.

4. Uma grande liberdade para com os conteúdos, a capacidade de lê-los com espírito crítico, sem ser ingênuo em relação a todos os compromissos de que resultam, voltando, sempre que possível, às fontes da transposição, ousando *extrair o essencial*, para não se perder no labirinto dos conhecimentos.

Saber extrair o essencial não é uma habilidade de gestão. Essa competência requer um trabalho de cada um sobre sua relação pessoal com o saber e sua compreensão do real. Quem não entendeu, por exemplo, as bases de um sistema de numeração, de medição ou de representação permanece incapaz de extrair o essencial, na falta de uma percepção precisa do *núcleo duro*, da estrutura profunda, de uma noção ou de uma teoria. Isso remete à formação disciplinar dos docentes e à fraqueza de suas dimensões epistemológicas.

ESTABELECER UM NOVO CONTRATO DIDÁTICO

Em uma pedagogia centrada nos conhecimentos, o contrato do aluno é escutar, tentar entender, fazer os exercícios com aplicação e restituir suas aquisições por intermédio do referencial de testes de conhecimento papel-lápis, na maioria das vezes individuais e anotados.

Em uma pedagogia das situações-problema, o papel do aluno é implicar-se, participar de um esforço coletivo para elaborar um projeto e construir, na mesma ocasião, novas competências. Ele tem direito a ensaios e erros e é convidado a expor suas dúvidas, a explicitar seus raciocínios, a tomar consciência de suas maneiras de aprender, de memorizar e de comunicar-se. Pede-se a ele que, de alguma maneira, em seu *ofício de aluno*, torne-se um *prático reflexivo* (Argyris, 1995; Schön, 1994, 1996). O aluno é convidado para um exercício constante de metacognição e de metacomunicação. Esse contrato exige uma maior coerência e continuidade de uma aula para a outra, além de um constante esforço de explicitação e de ajuste das regras do jogo. Também passa por uma ruptura com a competição e com o individualismo. Isso remete à improvável cooperação entre adultos e ao possível contraste entre a cultura profissional individualista dos professores e o convite feito aos alunos para trabalharem juntos.

Do lado da identidade e das competências do professor, vemos, portanto:

1. A capacidade para incentivar e orientar o tateamento experimental.

2. A aceitação dos erros como fontes essenciais de regulação e de progresso, desde que analisados e entendidos (Astolfi, 1997).

3. A valorização da cooperação entre os alunos em tarefas complexas.

4. A capacidade de explicitar e de ajustar o contrato didático, de ouvir as resistências dos alunos e levá-las em consideração.

5. A capacidade de engajar-se pessoalmente no trabalho, não ficando sempre na posição de árbitro ou de avaliador, mas sem por isso tornar-se um igual.

PRATICAR UMA AVALIAÇÃO FORMATIVA

Essa transformação do contrato didático sugere que a avaliação formativa integra-se quase que "naturalmente" à gestão das situações-problema. A fonte do *feedback* varia: às vezes, é o professor ou outro aluno, mas freqüentemente é a própria realidade que resiste aos prognósticos e desmente-os. O engajamento em um projeto leva inevitavelmente a trabalhar com *objetivos-obstáculo*, de preferência de modo diferenciado, pois nem todos os alunos confrontam-se com as mesmas tarefas, já que nem todos encontram os mesmos obstáculos.

A avaliação certificativa também deve ser exercida, inevitavelmente, no âmbito de situações complexas, do mesmo modo que as situações de ensino-aprendizado. Na medida em que as formas de avaliação certificativas influenciam, consideravelmente, o trabalho escolar diário e as estratégias dos alunos, uma avaliação centrada em conhecimentos decontextualizados arruinaria qualquer abordagem por competências. Jacques Tardif (1996) mostrou que esse continua sendo um ponto fraco de certas formações profissionais de alto nível (médicos, engenheiros). Os únicos "exames de competências" que têm valor não se parecem muito com o que conhecemos: um conjunto de estudantes trabalhando, simultaneamente, porém cada um por si, em uma tarefa papel-lápis padronizada, otimizada para facilitar as correções e a anotação. Uma avaliação por meio de situações de resolução de problemas só pode passar pela *observação individualizada de uma prática, em relação a uma tarefa* (Perrenoud, 1997c).

Novamente, as incidências sobre a identidade e a formação dos professores são importantes:

1. Primeiro, é do interesse do professor abrir mão radicalmente do uso da avaliação como meio de pressão e de barganha. Qualquer "recaída", em tais jogos, provoca uma regressão da confiança, sem a qual não se pode aprender, trabalhando-se juntos nos mesmos obstáculos.

2. Dominar a observação formativa em situação e conectá-la com formas de *feedback*, ao mesmo tempo utilizáveis e fatores de aprendizado, conforme o axioma *"Melhor ensinar a pescar do que dar um peixe"*. A proximidade provoca a constante tentação de ajudar o aluno a ser bem-sucedido, quando se trata de aprender.

3. Aceitar os desempenhos e as competências coletivos, deixar de querer calcular a contribuição individual de cada um em um espírito de justiça ou de controle e fazê-lo apenas para identificar dificuldades específicas, às vezes, mascaradas pelo funcionamento coletivo.

4. Desistir de padronizar a avaliação, de abrigar-se atrás de uma eqüidade puramente formal; exigir e conceder a confiança necessária para estabelecer um balanço de competências, apoiado mais em um julgamento especializado do que em uma tabela.

5. Saber criar situações de avaliação certificativa ou *momentos de certificação* em situações mais amplas.

6. Saber e querer envolver os alunos na avaliação de suas competências, explicitando e debatendo os objetivos e os critérios, favorecendo a avaliação mútua, os balanços de conhecimentos e a auto-avaliação.

Surge, novamente, a contradição entre avaliação formativa e certificativa (Perrenoud, 1997c), tanto mais suportável quando o sistema educacional não pratica uma seleção precoce e feroz...

RUMO A UMA MENOR COMPARTIMENTAÇÃO DISCIPLINAR

Uma situação aberta raramente estimula só um aprendizado. E é quase tão raro que os aprendizados implicados pertençam a uma única disciplina. Isso não leva a condenar os alunos a uma morna sopa interdisciplinar, servida por monitores de colônias de férias ou outros "gentis organizadores". Uma ou mais ancoragens disciplinares e uma forte reflexão epistemológica são necessárias para conduzir projetos de ação sem desviar-se do projeto de formação que dá sentido à escola. A dificuldade não está nas disciplinas, mas em seu *uso preguiçoso* (Develay, 1992), sem reflexão sobre a matriz da disciplina ou sua história, sem nenhum trabalho sobre as fronteiras entre disciplinas e seu arbitrário ou sobre os mecanismos comuns que Piaget procurava identificar.

Uma compartimentação disciplinar menos rígida exige, paradoxalmente, uma formação disciplinar e epistemológica mais *afinada* dos professores. Não estou apregoando aqui professores polivalentes, no sentido de sua capacidade para ensinar muitas disciplinas. Talvez isso seja possível na escola primária e não seja totalmente impensável no colégio, mas não é essa a questão. Os professores da escola primária que, aliás, ensinam muitas disciplinas nem por isso têm a capacidade de descompartimentá-las: na mente da mesma pessoa, a justaposição de formações disciplinares fechadas não cria, em um passe de mágica, em interdisciplinaridade ou transdisciplinaridade.

Parte do problema foge da formação dos docentes e pertence a ciclos disciplinares que começam logo no ensino médio e terminam na universidade. Portanto, é difícil esperar que um futuro professor interesse-se por várias disciplinas, quando foi formado, desde os 10 ou 12 anos de idade, por professores que ignoravam, de maneira soberba, os ensinamentos de seus colegas e, ocasionalmente, manifestavam sua pouca estima por suas respectivas disciplinas.

Contra essas fortes tendências, uma abordagem por competências exigiria que os professores:

1. Por mais especialistas que fossem, sentissem-se antes responsáveis pela formação global de cada aluno do que responsáveis exclusivamente por seus conhecimentos em sua própria disciplina.

2. Aproveitassem a menor ocasião para sair de seu campo de especialização e discutir com seus colegas problemas de método, de epistemologia, de relação com a escrita, com o saber, com a pesquisa, ou, ainda, que cada um se deixasse "instruir"

por seus colegas ou que os instruísse, quando a atualidade do mundo ou da ciência oferecesse tal pretexto.

3. Percebessem e valorizassem as *transversalidades potenciais* nos programas e nas atividades didáticas.

4. Não recuassem regularmente diante de projetos ou de situações-problema, mobilizando mais de uma disciplina, mas, ao contrário, que procurassem multiplicá-las com discernimento.

5. Trabalhassem com balanços de conhecimentos e competências à escala de várias disciplinas, ou até, como no Quebec, com um programa inteiro reunindo todas as disciplinas.

6. Aceitassem, durante parte de sua carreira ou horário de trabalho, funções menos centradas em uma disciplina do que nos alunos: ajuda metodológica, estimulação de projetos coletivos, gestão da escola, acompanhamento de projetos pessoais.

CONVENCER OS ALUNOS A MUDAR DE OFÍCIO

Para os professores que aderem a uma abordagem por competências surge outro desafio: convencer seus alunos a trabalhar e a aprender de outra maneira. Passando 10 a 15 anos de suas vidas na escola, crianças e adolescentes progridem no currículo e, a cada ano, enfrentam novos aprendizados. Dificilmente podem tornar-se verdadeiros parceiros de uma reforma escolar que costuma ser lançada antes de sua chegada e desenvolve-se após sua saída. Em contrapartida, podem, geralmente sem sabê-lo, dificultar a implementação das reformas que afetam seu *ofício* (Perrenoud, 1996a). Daí a necessidade de análise das transformações da condição e do ofício de aluno induzidas por qualquer nova abordagem dos programas.

As resistências dos professores, por sua vez, estão ligadas, em parte, à antecipação das reticências ou estratégias de fuga dos alunos. "Jamais dará certo!" costuma significar: "Eles não entrarão em tal contrato didático, em tal redefinição de seu ofício". Quando confrontados com docentes que procuram realmente negociar o sentido do trabalho e dos conhecimentos escolares, os alunos, via de regra, após um período de ceticismo, aceitam e mobilizam-se, se lhes for proposto um contrato didático que respeite sua pessoa e sua palavra. Tornam-se, então, parceiros ativos e criativos, que cooperam com o professor para criar novas situações-problema ou conceber novos projetos. Se, ao contrário, o professor estiver apenas meio convencido, como ganhará a adesão dos alunos?

Para enfrentar as estratégias dos alunos, é útil medir o que a abordagem por competência espera deles.

Implicação

As competências são construídas somente no confronto com verdadeiros obstáculos, em um processo de projeto ou resolução de problemas. Ora, como diz às vezes Philippe Meirieu, cada um gostaria de saber, mas não necessariamente de aprender. Para perseverar frente ao obstáculo, antes de contorná-lo ou de desistir do projeto, é preciso mais do que a tradicional motivação escolar, mistura de desejo de fazer bem, de agradar, de não ter problemas... Um processo norteado pela formação de competências exige do aluno uma *implicação na tarefa* muito mais forte. Não só uma presença física e mental efetiva, solicitada tanto pelos outros alunos como pelo docente, mas também um investimento que implique imaginação, engenhosidade, perseverança, etc. Isso modifica, consideravelmente, o contrato didático e impede que o aluno volte-se, com a mesma facilidade de sempre, para uma cautelosa passividade.

Transparência

O trabalho escolar tradicional estimula a mera apresentação de resultados, enquanto a abordagem por competências torna visíveis os processos, os ritmos e os modos de pensar e agir. O aluno é muito menos protegido, e o juízo dos outros não se funda em sua classificação a partir de normas de excelência abstratas, mas sim em sua contribuição concreta para a progressão do trabalho coletivo. O jogo de gato e rato, tradicionalmente jogado entre professores e alunos no momento da avaliação, não tem muito sentido para uma tarefa coletiva (Perrenoud, 1995a).

Cooperação

Uma abordagem por competências não permite ao aluno que "se retire para sua barraca",* mesmo para trabalhar. Um projeto de grande envergadura ou um problema complexo, normalmente, mobilizam um *grupo*, solicitam várias habilidades, no âmbito da divisão do trabalho, e também necessitam de uma coordenação das tarefas de uns e de outros. Para certos alunos, isso representa uma ruptura com seu modo de viver a escola e, talvez, de proteger-se dos outros. A imagem dada pelos alunos com os quais vivem pode enfraquecer a credibilidade do apelo para a cooperação: "*Façam como eu digo...*".

---

*N. de T. Alusão a Aquiles, que, irritado com Agamênon, retirou-se dos combates.

Tenacidade

Os exercícios escolares tradicionais são episódios sem amanhã. Completados ou não, certos ou errados, são abandonados com uma certa rapidez para deixar o lugar a outros. Em um processo de projeto, o prazo do investimento é maior; pede-se aos alunos que não percam de vista o objetivo e que adiem a sua satisfação até a conclusão total, às vezes, para vários dias ou para várias semanas depois.

Responsabilidade

Enquanto os exercícios escolares não têm conseqüências para outrem, uma abordagem por competências ataca problemas reais, da "vida de verdade", e freqüentemente diz respeito a pessoas que não pertencem à turma, como destinatários do projeto ou pessoas-recursos cuja cooperação é fundamental. As pedagogias de projeto vão nesse sentido, ou seja, o aluno assume novas responsabilidades para com terceiros.

E ele também assume algo para com seus colegas, pois, se não for possível contar com ele, se abandonar o barco enquanto segue a rota, se não fizer sua parte do trabalho, isso prejudica todo o grupo, ao passo que o aluno que não faz seus temas de casa prejudica somente a ele mesmo. A abordagem por competências o insere em um tecido de *solidariedades* que limitam sua liberdade.

UMA OUTRA FORMAÇÃO, UMA NOVA IDENTIDADE

Assim como os anteriores, esse último aspecto mostra a que ponto o sistema educacional depende da adesão e do engajamento dos professores para desenvolver uma abordagem por competências. Tal abordagem supõe a emergência de um tipo novo de profissionalismo, identidade, formação para o ofício de docente.

Supondo-se que exista uma vontade política clara e durável, distinguem-se, ainda, as inumeráveis resistências a serem encontradas por tamanha mutação em uma importante fração do atual corpo docente e também entre os professores estagiários em formação inicial, presos, antes de sua formação, às identidades e aos profissionalismos desse ofício.

Quando tais resistências não saltam à vista, significa que a abordagem por competências não é uma política afirmada, mas apenas um recurso estilístico no discurso ministerial e um encanto nos programas. Quando a autoridade, não contente em pôr no papel os blocos de competências almejados, exige dos docentes que transformem, nesse sentido, seu modo de trabalhar em aula, fica rapidamente claro que apenas uma minoria adere hoje a essa nova abordagem e está disposta a arcar com os custos, em termos de mudança de identidade, de formação contínua e de novos começos.

4
Efeito da moda ou resposta decisiva ao fracasso escolar?

O desafio de uma reforma do sistema educacional só será maior se ela beneficiar, prioritariamente, os alunos que fracassam na escola. Pode-se visar a uma modernização, a uma descentralização ou a uma profissionalização maior do ofício de docente, sem, necessariamente, situar as dificuldades de aprendizado no centro do projeto. Não obstante, o principal problema da escola, que resiste às sucessivas reformas há décadas, é a dificuldade em instruir os jovens, senão em igualdade, ao menos de maneira tal que cada um alcance, ao chegar à idade adulta, um nível aceitável de cultura e de competência, tanto no mundo do trabalho como na vida.

Os alunos melhor dotados em capital cultural e melhor acompanhados por suas famílias seguirão, de qualquer maneira, seu caminho, seja qual for o sistema educacional. Os alunos "médios" acabarão encontrando uma saída, ao preço de eventuais repetências ou mudanças de orientação. À sorte dos alunos em reais dificuldades é que se pode medir a eficácia das reformas. Eles terão alguma coisa a ganhar com uma redefinição dos programas em termos de competências?

Antes dos anos 60, a preocupação com o fracasso escolar maciço das crianças das camadas populares era pequena. Tal fracasso estava na "ordem das coisas" e, aliás, ficara por muito tempo ocultado por uma estrutura escolar que justapunha duas redes compartimentadas: uma popular, que desembocava na vida ativa, e outra de elite, que preparava para estudos superiores (Isambert-Jamati, 1985). Desde que o sistema educacional está integrado e considera-se a educação como um investimento, o fracasso escolar maciço tornou-se um *problema de sociedade*. As reformas escolares pretendem, periodicamente, atacar as desigualdades existentes na escola para melhor "democratizar o ensino". Ora, apesar de os índices de escolarização terem elevado-se, apesar do alargamento dos estudos, o essencial permanece: o fracasso leva alguns estudantes para carreiras menos exigentes. Eles são "evacuados", saem para a vida ativa ou para o desemprego, sem diploma ou com uma bagagem mínima; os outros seguem o caminho real dos estudos superiores e deixam o sistema educacional com um canudo. As figuras da desigualdade modificaram-se, pois as classes sociais transformaram-se e a escolarização desenvolveu-se, globalmente falando; porém, a relação entre o sucesso escolar e a origem social ainda continua forte.

A questão de saber se o fracasso escolar é o fracasso do aluno ou o fracasso da escola divide hoje os atores. De uma boa consciência absoluta, fundada em uma ideologia do dom que legitima a impotência para instruir, passamos para o fatalismo menos cômodo da "desvantagem sociocultural" e, a seguir, para a conscientização do arbitrário da norma escolar, da indiferença em relação às diferenças, das funções do sistema de ensino na reprodução das classes e das hierarquias sociais. A partir dos anos 70, ideologia do dom, pedagogia compensatória e crítica radical do sistema coexistem e, conforme os lugares ou os períodos, ignoram-se cortesmente, enfrentam-se surdamente, ou opõem-se abertamente. Dessa maneira, as reformas escolares que pretendem atacar o fracasso escolar são um engodo aos olhos de alguns docentes, enquanto para outros oferecem uma chance real de fazer progredir a democratização do ensino.

Quando uma reforma educacional é aceita, implementada e em certa medida surte efeitos, é porque ela é apoiada por uma fração suficiente da opinião pública, da classe política e do mundo da escola. Portanto, funda-se, necessariamente, em alianças e compromissos, de maneira que se parece um pouco com uma pousada espanhola. Por isso, não basta dizer que tal reforma adere a uma abordagem por competências; é preciso dizer por que e qual a relação é estabelecida entre competências e fracasso escolar.

> Defendo a seguinte tese: se outras dimensões do sistema educacional não forem transformadas, se nada mudar além dos programas ou da linguagem na qual se fala das finalidades da escola, a abordagem por competências, e mais globalmente a renovação dos programas escolares, não passará de fogo de palha, de uma peripécia na vida do sistema educacional.

Os novos textos sobre o colégio francês, e outros equivalentes em outros países, capitalizam boa parte do que se pode relacionar como inteligente sobre os programas escolares a partir dos trabalhos das ciências da educação e das propostas dos movimentos pedagógicos. Hoje, os textos ministeriais, cada vez mais sofisticados, são escritos ou inspirados pela fração mais avançada da noosfera, a esfera dos que, fora das salas de aula, pensam os conteúdos e as práticas. Isso será o bastante? Os novos programas, escritos mais por intelectuais do que por tomadores de decisão ou administradores, poderão traduzir-se em reais mudanças do ensino?

Isso dependerá da força do pensamento *sistêmico* e da vontade política. É fútil, no meu entender, creditar grandes esperanças em uma abordagem por competências se, ao mesmo tempo:

a. A transposição didática não for reconstruída.
b. As disciplinas e as planilhas de horários não forem revisadas.
c. Um ciclo de estudos conformar-se às expectativas do seguinte.
d. Novas maneiras de avaliar não forem criadas.
e. O fracasso de construir sobre a areia for negado.
f. O ensino não for diferenciado.
g. A formação dos docentes não for reorientada.

Talvez essa enumeração pareça desalentadora. Mas ela visa a, simplesmente, evidenciar o fato de que uma abordagem por competências terá um sentido tanto maior se for rápida e explicitamente relacionada aos vários outros componentes do sistema educacional.

Retomemos cada um desses pontos.

RECONSTRUIR A TRANSPOSIÇÃO DIDÁTICA

A transposição didática é a sucessão de *transformações* que fazem passar da cultura vigente em uma sociedade (conhecimentos, práticas, valores, etc.) ao que dela se conserva nos objetivos e programas da escola e, a seguir, ao que dela resta nos conteúdos efetivos do ensino e do trabalho escolar e, finalmente – no melhor dos casos –, ao que se constrói na mente de parte dos alunos (Verret, 1965; Chevallard, 1991; Develay, 1992; Arsac *et al.*, 1994; Raisky e Caillot, 1996).

Querendo-se trabalhar por competências, deve-se, provavelmente, remontar à origem dessa cadeia e começar perguntando com que situações os alunos irão confrontar-se realmente na sociedade que os espera. Por muito tempo, e ainda hoje, a escola tem sido amplamente concebida por intelectuais, pessoas de poder e de saber, que tinham a impressão de "conhecer a vida". Na verdade, eles se apoiavam em sua familiaridade com sua própria vida, aliada a uma visão normativa das classes populares como as classes "a serem instruídas". No século XIX, de maneira quase caricatural, as classes dominantes afirmavam um verdadeiro projeto filantrópico de socialização e moralização das classes chamadas de "perigosas" (Chevalier, 1978). Talvez, naquela época, fosse possível dar-se ao luxo de definir os programas escolares a partir da experiência de vida das classes instruídas, pois a instrução era concebida como um meio de os indivíduos apoderarem-se dos valores e dos conhecimentos requeridos por uma sociedade industrial em via de desenvolvimento, que havia de funcionar com bases mais ou menos republicanas. O programa transpunha para a educação escolar não a cultura e os valores burgueses, mas sim uma versão simplificada e normativa para o uso das classes populares. Mal começava, então, a emergência das classes médias.

> Será que os programas escolares alimentam-se de um conhecimento da sociedade? É permitido duvidar. Como se elabora um programa escolar? Especialistas no assunto reúnem-se em torno de uma mesa, discutem e negociam *textos*. Onde é que encontram suas idéias? Em suas cabeças, em *sua* experiência de escola, nos conhecimentos, no trabalho, mas não em uma metódica atitude em relação à vida das pessoas, em sua diversidade. Quando se inspiram na vida, os especialistas – como qualquer um que não busca os instrumentos de uma pesquisa – usam suas redes de interconhecimento, isto é, meios sociais próximos ao seu. Tomemos um exemplo: para parte das pessoas, atualmente, o significado do trabalho mudou, não estando mais no centro da existência. Aqueles que reformam os programas (e que, freqüentemente, trabalham a 150%) terão a capacidade de imaginar uma vida feita de "bicos" ou de longos períodos de desemprego? Eles poderão imaginar que se possa escolher viver assim?

Para formar em competências à altura das situações da vida, o mais sábio é não fazer como se as conhecêssemos. Melhor seria adotar um *processo de investigação*, para ter uma idéia das situações com as quais as pessoas confrontam-se ou irão confrontar-se em sua vida – no trabalho, fora do trabalho ou entre dois empregos. Estamos vivendo, por exemplo, em uma época na qual não se pode deixar uma mala por dois minutos no saguão de uma estação rodoviária sem correr o risco de ser roubado. Na cidade, cada um está aprendendo a proteger seus bens, por estar coexistindo com pessoas nas quais não pode confiar. Pensemos em situações concretas, nas relações sociais que estão desenvolvendo-se nas cidades, nos prédios, no trabalho e no lazer: outros tantos elementos para apreender a evolução das práticas sociais e as competências que requerem.

Conforme demonstrado pelas experiências das últimas décadas, os exercícios de futurologia são de alto risco. É verdade que a análise das mudanças tecnológicas em andamento ou esperadas pode ajudar a traçar parte do cenário: multimídia, realidade virtual, redes informáticas planetárias, sistemas especializados capazes de apoiar as mais complexas atividades humanas, como a engenharia genética. Parte das antecipações e das análises alimentam-se do que se prevê para a evolução das tecnologias, com a parte de simplificação (e aberração) que isso supõe: há 15 anos, alguns propunham o ensino da linguagem *Basic* na escola primária; hoje, alguns gostariam de que a escola ensinasse a "navegar na Web" graças à Internet! Aprendizados tão contextualizados não têm nenhum futuro. A antecipação tecnológica é fútil, quando fixada nas ferramentas do momento, as quais terão evoluído antes de os programas escolares terem "digerido-as"! Ninguém, por exemplo, poderia prever há 20 anos a difusão da microinformática em todas as atividades humanas e sua descentralização. Imaginava-se o *Big Brother*, uma informática centralizada, controlando cada um, enquanto a Internet contorna legislações, fronteiras e polícias. Até nesse campo, a experiência está mostrando que é possível, no melhor dos casos, preparar-se para modos de pensamento e de processamento da informação. Um imenso trabalho conceitual deverá ser feito em torno das tecnologias, se quisermos estabelecer a natureza das *competências* a serem construídas na escola.

A vida está transformando-se também em muitos outros registros. Não terá chegado o momento de olhar para isso? De substituir a reflexão especulativa e idealista que preside a elaboração dos programas escolares por uma transposição didática apoiada em uma análise prospectiva e realista das situações de vida? Não se trata de tornarmo-nos estreitamente utilitaristas. A maioria das pessoas tem tantos problemas metafísicos ou sentimentais quantos problemas de emprego, habitação ou dinheiro. Para saber *com o que efetivamente se confrontarão* no século XXI, seria útil observar a evolução dos costumes familiares, sexuais, políticos, ou as transformações do trabalho. As ciências sociais contribuem para estudar a vida das pessoas e dos grupos humanos e poderiam ajudar os sistemas educacionais a imaginar melhor o futuro e até mesmo prepará-lo.

Como fazer desses conhecimentos sobre as práticas e culturas emergentes fontes de transposição didática, como "lê-los" como conjuntos de situações que remetem para competências identificáveis? Talvez seja preciso começar rompendo com duas idéias simplistas:

- a primeira seria preparar os alunos em função de visões precisas do que está para acontecer e, neste caso, nenhuma é confiável;
- a segunda seria limitar a formação a um pequeno número de competências transversais e muito gerais, a partir das quais decorreriam todas as ações eficazes, por diferenciação e generalização.

Enfrentar situações diversas requer competências também diversas, e estas não serão constituídas pela simples transferência de esquemas gerais de raciocínio, análise, argumentação e cisão. A escola só pode preparar para a diversidade do mundo trabalhando-a explicitamente, aliando conhecimentos e *savoir-faire* a propósito de múltiplas situações da vida de todos os dias. Transformar uma casa, conceber um habitat agrupado, criar uma associação, encontrar e seguir um regime alimentar, comprar mobília, dar a volta na Europa com pouco dinheiro, proteger-se da Aids sem encerrar-se em casa, encontrar ajuda em caso de conflito ou depressão, estar na moda sem estar alienado ... e outros tantos problemas diante dos quais os indivíduos encontram-se desprevenidos, por falta de conhecimentos e, sobretudo, de métodos, de treinamento na resolução de problemas, na negociação, no planejamento ou simplesmente na procura de informações e de conhecimentos pertinentes.

ATENUAR AS DIVISÕES DISCIPLINARES

Reconhecer a dificuldade de identificação das competências-chave poderia confortar a divisão disciplinar instituída. Afinal, se as competências são essencialmente disciplinares, por que não conservar planilhas de horário e especializações convencionais?

Como já foi dito, certas competências a serem construídas são claramente disciplinares, enquanto outras, sem serem realmente transversais, situam-se no cruzamento de pelo menos duas ou três disciplinas. Assim, uma atividade realizada conjuntamente por um professor de ciências e por um professor de francês em torno da escrita científica (relatórios de experiências, relatos de observações) pode desenvolver uma competência que, sem ser transversal, não pertence nem totalmente às ciências, nem totalmente às letras. Se for preciso desistir da hipótese de competências universais que abrangem, constantemente, todas as disciplinas e as facetas da vida, pode-se, em compensação, ir um pouco mais além na relação entre disciplinas vizinhas, as quais ocupam campos bastante próximos, por exemplo, a biologia e a química, ou a história e a economia. Também se pode, como no exemplo mencionado, casar disciplinas em que uma fornecerá o domínio de ferramentas de expressão que permitirão uma melhor comunicação e formalização dos conteúdos da outra. Essas não são tentativas muito ambiciosas; porém, exigem que os especialistas aventurem-se para fora de seus respectivos campos e disponham-se a trabalhar com problemas que, em certos aspectos, ultrapassam-nos. Pode ser, por exemplo, que o professor de física, no caso dos problemas de escrita, seja menos competente do que alguns de seus alunos; é certo que o professor de francês irá sentir-se, *a priori*, "um zero à esquerda" em física, pois escolheu precisamente a literatura porque "detestava matemática". Assim, ambos deverão vencer uma barreira nas representações que possuem de sua legitimidade e do ridículo que pudesse haver, aos seus olhos, em não dominar certos conhecimentos melhor do que seus alunos.

Em certos colégios experimentais, reserva-se apenas a metade do tempo escolar aos conteúdos disciplinares organizados conforme um horário convencional. Quanto aos demais, trabalha-se com projetos descompartimentalizados, em que os professores tornam-se estimuladores e pessoas-recursos. Desse modo, os conhecimentos disciplinares são introduzidos graças a um processo de projeto, isto é, de maneira incompleta, não-planejada, não-sistemática, em suma, "pouco séria", não vacilarão em dizer os partidários de um texto do conhecimento percorrido na boa direção. Em contrapartida, os conhecimentos serão mobilizados em situações nas quais sua pertinência é evidente, tornando-se verdadeiras *ferramentas,* e não somente matérias de exames, e tendo um *sentido.*

ROMPER O CÍRCULO FECHADO

Historicamente, os programas escolares têm sido sempre definidos pelas expectativas da ordem de ensino seguinte, mais exatamente por suas carreiras mais exigentes. Nesse sentido, as aulas do ensino médio são "preparatórias": o importante é conformar-se às expectativas do ciclo de estudos seguinte muito mais do que pensar na vida. Azar dos que não entrarão nesse ciclo de estudos ou que não terão acesso à carreira de excelência que fixa suas exigências. Essa lógica segue na exata linha da vontade de fazer emergir uma elite, pela antecipação do anunciado destino dos melhores alunos. Ainda hoje se pretende, em certos sistemas educacionais, manter o grego antigo como uma disciplina indispensável a ser ministrada a alunos entre 12 e 13 anos de idade, sob o pretexto de que aqueles que fizeram estudos clássicos devem poder iniciar-se o quanto antes às línguas e às culturas greco-latinas, das quais se pretende que esses alunos tornem-se os mais ardentes defensores, para o bem das gerações seguintes.

Nessa lógica, a missão da escola primária não é preparar para a vida, mas para o ensino médio que, por sua vez, prepara para o liceu, e este prepara para a universidade, cuja finalidade é preparar para a pesquisa. Para proferir esse discurso, é preciso ignorar deliberadamente que ¾ dos alunos que saem da universidade não farão pesquisa, que nem todos os que saem do liceu irão para a universidade, etc. As ficções custam desaparecer: ao longo do currículo, não se refere a situações da vida, mas à etapa seguinte da escolaridade. Ou seja, a escola trabalha amplamente em *circuito fechado* e interessa-se muito mais pelo sucesso nos exames ou pela admissão no ciclo de estudos seguinte do que pelo uso dos conhecimentos escolares na vida. Um professor pode seguir sua carreira sem jamais sentir-se obrigado, nem sequer convidado, a perguntar-se qual a relação entre o programa e a vida.

CRIAR NOVAS FORMAS DE AVALIAR

A avaliação é mais determinante do que os programas na operação de um ensino. Só pode ser avaliado o que foi ensinado *grosso modo*, sem o que o fracasso está garantido. Além disso, é do interesse de cada um ensinar com prioridade aquilo que os professores que receberão os mesmos alunos no ano seguinte consideram como pré-requisitos de seu próprio ensino e que são definidos pelas lacunas que serão detectadas nas primeiras provas. Assim, os docentes julgam, por intermédio da avaliação, o trabalho de seus colegas que intervêm adiante no currículo. Esse contrato *tácito*, que liga professores situados em estágios diferentes da divisão vertical do trabalho escolar, é mais importante do que o espírito e o conteúdo dos programas. Por isso é que a famosa "sobrecarga" depende menos dos textos do que de sua interpretação e das transações ao longo do currículo. Cada professor aprende que será mais facilmente sancionado pelo colega que recebe seus alunos do que por um supervisor ao qual vê a cada 107 anos. Seu "estimado" colega é que lhe diz que ele não cumpriu "todo o programa". Pouco importa que esse programa não esteja mais em vigor há 15 anos, ou que jamais tenha constado em algum texto; é aquele que corresponde ao *sonho* de cada professor, a tudo o que seus alunos deveriam saber ao entrar em sua aula, para que ele possa ensinar tranqüilamente seu próprio programa, sem ter que preencher lacunas ou desvios anteriores, nem enfrentar uma heterogeneidade forte demais!

Se forem alterados apenas os programas que constam nos textos, sem modificarem-se os que estão *nas mentes*, não há futuro para a abordagem por competências. As partes do programa – até disciplinas inteiras – que são subestimadas e maltratadas sofrem uma avaliação que não é clara, necessária, legítima e decisiva para sucesso. Ao contrário, os programas cuja seleção é muito forte, nas disciplinas ditas principais, são os que requerem mais trabalho, mais repetições e mais avaliações. No fundo, *a avaliação é a real mensagem*: os alunos trabalham para serem corretamente, avaliados; já os docentes, para que os alunos destaquem-se (Perrenoud, 1993, 1995a, 1996a, 1997c).

> Se a abordagem por competências não transformar os procedimentos de avaliação – o que é avaliado e como é avaliado – são poucas as suas chances de "seguir adiante". Melhor seria reformar *simultaneamente* os programas e os procedimentos de avaliação. Isso deveria ser automático, porém não costuma ser feito: chega a ser excepcional ver um sistema educacional repensar, ao mesmo tempo, a avaliação e os programas, pois isso envolve outros especialistas, outras comissões, conforme outros calendários.

A abordagem por competências remete para qual sistema de avaliação? Não se trata apenas de pensar uma avaliação formativa, mesmo que indispensável em uma pedagogia das situações-problema ou em processos de projetos. Quando aprendem de acordo com esses processos, os alunos estão, forçosamente, em situação de observação formativa, sendo levados a confrontar suas maneiras de fazer e de dar-se *feedback* mutuamente. Nesse caso, a avaliação não diz respeito ao adquirido, mas aos *processos* em curso, conforme uma seqüência de sucessivas interações, explicações e hesitações.

É impossível avaliar competências de maneira padronizada. Desse modo, deve-se desistir da prova escolar clássica como paradigma avaliatório e renunciar à organização de um "exame de competências", colocando-se todos os "concorrentes" na mesma linha de largada. As competências são avaliadas, é verdade, mas segundo situações que fazem com que, conforme os casos, alguns estejam mais ativos do que outros, pois nem todo mundo faz a mesma coisa ao mesmo tempo. Ao contrário, cada um mostra o que sabe fazer agindo, raciocinando em voz alta, tomando iniciativas e riscos. Isso permite, quando necessário e para fins formativos ou certificativos, estabelecer balanços individualizados de competências.

Esses balanços serão suspeitos de arbitrários, sobretudo, se a escola e os professores não tiverem explicitado e negociado um outro contrato de avaliação, sem tabelas nem competição. É importante que os alunos e seus pais aceitem que o professor julgue as competências globalmente, em situação, como é feito na formação profissionalizante, pois ele mesmo tem uma experiência e sabe avaliar o pedreiro "ao pé do muro". Esse professor não deve avaliar fazendo comparações entre os alunos, mas fazendo uma comparação entre a tarefa a realizar, o que aluno fez e o que faria se fosse mais competente. É uma grande distância da máxima "Que vença o melhor!", pois cada um passa pela mesma prova em condições semelhantes. A partir do ponto de vista do professor, atenua-se a distinção entre o formativo e o certificativo, pois ele leva em consideração os mesmos indicadores de competências, em estágios diferentes de sua construção, ciente de que no fim do ano letivo ou do ciclo a avaliação será, acima de tudo, certificativa. Resta articular as duas lógicas da avaliação (Perrenoud, 1997c), já que uma exige a confiança, enquanto a outra opõe avaliador e avaliado. A abordagem por competências não resolve o dilema, mas inscreve as duas funções da avaliação em situações cooperativas e sugere outro clima de trabalho.

No campo das formações profissionalizantes e da educação dos adultos, a observação em situação é completada levando-se em consideração *portfolios* que reúnem obras ou vestígios de atividades acumuladas em um período maior, que atestam competências por meio de certos produtos seus. Pode-se recorrer também aos relatórios, aos dossiês e a outras "obras-primas" que, mobilizando as diversas aquisições de uma formação longa, permitem que se tenha uma idéia sintetizada das competências construídas.

Hoje, não existe uma alternativa única para o sistema das provas escolares e dos exames de conhecimentos. Os sistemas educacionais procurarão, inevitavelmente, algo simples e econômico. O mais sábio seria desistir o quanto antes, para fazer de uma necessidade uma virtude: a avaliação das competências não pode ser senão complexa, personalizada e imbricada no trabalho de formação propriamente dito.

RECONHECER O FRACASSO, NÃO CONSTRUIR SOBRE A AREIA

A escola seleciona e fabrica fracasso, com freqüência, de maneira a esconder seu próprio fracasso. Espera-se que os alunos saibam ler fluentemente. Uma proporção muito importante de cada geração não alcança ou conserva esse nível de domínio da leitura (Bentolila, 1996). O que é feito com essa desoladora constatação? Nada decisivo, nada que ataque o problema na raiz e transforme a situação em 5 ou 10 anos. Acontece que os médicos cruzam os braços e resignam-se a acompanhar uma doença incurável. Porém, antes de chegar a isso, via de regra, eles "fizeram de tudo". Não se pode dizer o mesmo da escola, cuja própria organização impede que se *tente tudo*. A cada fim de ano letivo, seria necessário que fossem tomadas medidas específicas, intensivas e originais para parte dos alunos. O que é feito? Os mais fracos repetem de ano, como se isso fosse uma solução. Os outros são aprovados para a série seguinte, como se isso fosse a garantia de sólidos aprendizados.

Desenvolver competências não é contentar-se em ter seguido um programa, e sim não parar com sua construção e testagem. Pouco importa o *programa*; o que se deve fazer é enfrentar o *problema*, e o problema é que a ação pedagogica não alcançou sua meta. Deve-se, então, *teimar*, sem cair na persistência pedagógica, sem fazer "mais a mesma coisa", procurando novas estratégias. Ora, os programas não são realmente concebidos para incentivar uma construção gradual das competências. Faz-se os alunos progredirem de série para série, enquanto as bases fundamentais não foram dominadas.

> A criação de ciclos de aprendizado é, nesse caso, um progresso, pois põe fim ao princípio que prega "um programa, um nível", do qual decorre que "o que é feito não precisa mais ser feito". Como se, ao construir uma casa, os operários dissessem uns aos outros: "Nós não construímos o segundo andar. Vê-se que não vai resistir, mas façamos como se fosse e construamos o terceiro!". Nenhum construtor sobreviveria à tamanha cegueira. Ora, assim é que funciona a escola: cada um "faz o que tem a fazer", ciente de que, freqüentemente, está construindo, se não sobre areia, ao menos sobre bases frágeis. A divisão vertical do trabalho pedagógico é tal, que nem sequer nos sentimos autorizados (ou capazes) de (re)construir o andar anterior. Na verdade, pode-se dizer até que os docentes não são pagos para isso! Uma abordagem por competências deveria permitir uma maior continuidade. É uma razão para ligá-la aos ciclos plurianuais, que estão sendo introduzidos por toda a parte no ensino fundamental e, em certos países, no ensino médio.

Trabalhar uma competência requer visar a uma continuidade do processo durante, no mínimo, três anos. Durante um ciclo, todos os professores responsabilizam-se pela formação das "competências de fim de ciclo" e intervêm para favorecer seu desenvolvimento quantas vezes for necessário. Esse progresso não deveria levar a pensar que o ciclo seguinte construirá competências totalmente diferentes, mas sim a pensar as competências como entidades que se *começa* a trabalhar em um dado nível do currículo e que continuam sendo construídas até o fim da formação inicial. Assim, verifica-se sua aquisição e, no mínimo, ajuda-se a consolidá-la, para provê-la enquanto permanecer inacabada. A introdução de ciclos de aprendizado é um passo rumo à pedagogia das competências, mas não é pequeno o risco de cada ciclo visar a competências distintas, ignorando que ele participa de um empreendimento educacional de longo prazo, que atravessa todos os ciclos, dos 4 aos 16 anos de idade. Nesse sentido, falar em "competências de fim de ciclo" é uma expressão infeliz e seria melhor dizer "*nível mínimo a ser alcançado no final do ciclo nos campos de competências a serem desenvolvidas pela escolaridade obrigatória*".

Nessa perspectiva, seria possível imaginar uma escola fundamental que continuasse ensinando a leitura a alunos com 15 anos de idade, se ainda não a dominassem, antes de convidá-los a ler e surpreendê-los de que não conseguissem. Até agora, raramente foram oferecidos os meios de tal adequação do ensino à realidade dos alunos. A abordagem por competências acentua ainda mais a necessidade de uma *diferenciação do ensino*, de uma *individualização dos percursos de formação* e de uma ruptura com a segmentação do currículo em programas anuais.

DIFERENCIAR O ENSINO

Ao serem tratados uns e outros como iguais em direitos e deveres, ao ser praticada a *indiferença para com as diferenças* (Bourdieu, 1996), por exemplo, limitando-se a um ensino frontal, permite-se, evidentemente, que os alunos favorecidos aprendam mais rápido e mais do que os outros. Essa maneira de fazer transforma as desigualdades iniciais perante a cultura em desigualdades de sucesso na escola e, mais tarde, as desigualdades de capital já acumuladas em novas desigualdades de aprendizado, nas quais as distâncias tendem a agravar-se. Isso participa da fabricação do fracasso escolar e das hierarquias de excelência. A diferenciação do ensino, quaisquer que sejam o dispositivo implementado e a orientação teórica subjacente, ataca esse mecanismo e procura neutralizá-lo com uma forma de "discriminação positiva", mais ou menos eficaz (Meirieu, 1990a; Perrenoud, 1993, 1995a, 1996b, d, f, 1997b).

A diferenciação do ensino tem todo um sentido, mesmo quando se quer apenas que os alunos apropriem-se de conhecimentos. Inversamente, as pedagogias diferenciadas não são constitutivas de um ensino centrado nos conhecimentos; acrescentam-se a ele como uma ambição nova, gerando, assim, uma crise no funcionamento didático (ruptura com o ensino frontal) e na organização do currículo (criação de ciclos de aprendizado e individualização dos percursos de formação).

Tal aspecto é diferente para as competências. Não se pode imaginar uma abordagem por competências que não seja facilmente sensível às diferenças, a partir do momento em que os alunos são colocados em situações em que, supostamente, aprendem *fazendo* e refletindo sobre os obstáculos encontrados. Ora, tais situações não podem ser propostas de maneira constante à totalidade de uma turma, pois são feitas para grupos menores. Logo, uma pedagogia norteada pelas competências divide o grupo-aula e favorece o trabalho dos alunos em pequenos grupos.

Essa não é, porém, senão a condição necessária de uma pedagogia diferenciada. Dentro de uma situação-problema, os alunos permanecem desiguais e nada garante que os mecanismos geradores da desigualdades sejam suspensos pelo único fato de que os alunos não ouvem, juntos, um palavra magistral dirigida a todos eles. Pelo contrário, se não prestarmos atenção, um processo de resolução de problemas favorece os favorecidos, os alunos que têm as disposições desejadas para fazer boas perguntas, conduzir observações perspicazes, emitir hipóteses, assumir a liderança de um processo coletivo, pegar a caneta para anotar elementos pertinentes, solicitar aos outros alunos tarefas precisas. Cada um sabe que um processo de projeto é particularmente suscetível de revelar e, às vezes, de reforçar as desigualdades. O trabalho com situações-problema faz correr os mesmos riscos, de maneira talvez mais insidiosa. Enquanto, em um projeto de prazo maior, existe o meio de encontrar ao menos uma tarefa para cada um – mesmo que, como lembra Philippe Meirieu, não se costume confiar ao gago o papel principal do espetáculo –, uma situação-problema solicita, sobretudo, operações de forte componente intelectual. Esse trabalho é ainda mais seletivo e favorece, quando não conduzido com a preocupação de uma pedagogia diferenciada, os alunos mais vivos, perspicazes e autônomos.

Surge, novamente, o paradoxo das novas pedagogias: elas correm o risco de convir muito bem aos alunos que também são os principais beneficiários das pedagogias frontais (Perrenoud, 1996b). Diante de um discurso magistral, assim como em uma situação-problema, cada um – conforme sua herança cultural, seu itinerário, sua relação com o saber, seus meios de compreensão e de comunicação – investe de maneira diferente e colhe – em termos de aprendizados – lucros proporcionais ao seu investimento. Diante de uma situação-problema, *o espaço de jogo* dos alunos é importante e permite iniciativas, o que, paradoxalmente, pode criar distâncias maiores do que uma aula tradicional seguida por exercícios, mesmo que certos trunfos percam parte de seu valor – por exemplo, uma relação deferente entre o saber e o professor –, enquanto outros se tornam pertinentes. Portanto, é importante que as novas pedagogias não confiem em suas *boas intenções* e implementem dispositivos que favoreçam ativamente os desfavorecidos.

A tentação seria a de reconstituir grupos por nível e atribuir a cada nível tarefas adaptadas. Sem excluir totalmente essa maneira de fazer, observamos que, a um determinado prazo, ela instala cada um em seu nível e aumenta as diferenças. Além disso, ocasionalmente, impede um funcionamento ativo diante de situações-problema: enquanto os grupos que reúnem os alunos de nível elevado podem ir muito longe, os grupos dos alunos de nível baixo podem funcionar de maneira desastrosa, na falta de um mínimo de liderança e interações. A heterogeneidade é o motor em um grupo.

Assim, o desafio está em reunir, frente a uma mesma situação de aprendizado, alunos de níveis diferentes, sem que isso favoreça, sistematicamente, os favorecidos. Seria arriscado pretender que essa dificuldade estivesse dominada. Talvez se consiga, de maneira progressiva, identificá-la e transformá-la em objetivo-obstáculo, dessa vez para os formadores. É uma armadilha diabólica: para envolver na tarefa os alunos que mais necessitam dela, o docente, às vezes, compromete a dinâmica do grupo e assume uma presença intensiva em um único lugar, enquanto quatro ou cinco grupos gostariam de partilhar de seu tempo e de sua inteligência didática.

TRANSFORMAR A FORMAÇÃO DOS DOCENTES

A maioria dos docentes foi formada por uma escola centrada nos conhecimentos e sente-se à vontade nesse modelo. Sua cultura e sua relação com o saber foram forjadas dessa maneira, e eles aproveitaram tal sistema, pois seguiram uma longa escolaridade e foram aprovados nos exames com sucesso. No campo educacional, estão do lado do "terceiro instruído"! Pode-se viver muito bem em tamanho etnocentrismo. Para muitos docentes, a abordagem por competências não "diz nada", pois nem sua formação profissional, nem sua maneira de dar aula predispõem-nos para isso. Essa prática parece-lhes pertencer à tagarelice pedagógica, a uma estimulação sociocultural boa apenas para os centros de lazer ou, no mínimo, ao andar "inferior" do edifício escolar. Enquanto permanecerem nessa lógica, a identidade dos professores estará garantida, pois eles se limitarão a ensinar conhecimentos e a avaliá-los. Enquanto não souberem realmente organizar e avaliar processos de projeto e situações-problema, os ministérios irão propor-lhes textos inteligentes que permanecerão sem eco, porque seus destinatários não seguiram o mesmo caminho pedagógico e teórico e não partilham da concepção de aprendizado e de ensino que subjaz aos novos programas.

Atualmente, os textos dos ministérios estão *adiantados* com relação à concepção dominante dos programas, dentro do corpo docente. Nada garante que essa defasagem vá diminuir. Os Institutos Universitários de Formação dos Mestres (IUFM), criados na França em 1989, formam hoje professores ainda fortemente centrados nos conhecimentos, no mesmo momento em que o discurso oficial enfatiza as competências. Para corrigir tal defasagem, serão necessários de 5 a 10 anos... Existe aí uma falta gritante de harmonização entre o discurso sobre os programas e a formação dos docentes. A estrutura dos IUFM mostra isso claramente, com o lugar do concurso, seu peso, suas provas, que revelam que se continua amplamente com a lógica dominante e os conhecimentos universitários a serem dominados em situação de exame, ou seja, muito longe das condições de sua mobilização em sala de aula. No total, não faltam ocasiões em que os professores estão confrontados com a complexidade, graças aos estágios em sala de aula, mas a formação, mais do que considerar essa complexidade como seu principal objeto, está trabalhando com uma lógica disciplinar e acadêmica.

A "revolução das competências" só acontecerá se, durante sua formação profissional, os futuros docentes experimentarem-na pessoalmente. A formação contínua está desenvolvendo-se. Está indo na direção de um desenvolvimento de competências orientado para a profissionalização (Perrenoud, 1994a, 1996g), para o acompanhamento de equipes e projetos de estabelecimentos e para a análise das práticas, das situações de trabalho e dos problemas profissionais (Altet, 1994; Paquay *et al.*, 1996; Perrenoud, 1996h). Esse é, a prazo, o futuro da formação inicial, se ela conseguir construir uma verdadeira articulação entre teorias e práticas e libertar-se da preeminência das disciplinas. Em qualquer hipótese, deve-se romper um círculo vicioso: se o modelo de formação dos alunos for reforçado pelo modelo de formação dos professores, e vice-versa, de onde virá a mudança?

Conclusão: a respeito das estratégias de mudança

Os problemas aqui abordados estão no coração dos problemas de teorização da ação (Barbier, 1996), do aprendizado e do ensino. Como imaginar um consenso, com uma total clareza conceitual? O desenvolvimento das ciências cognitivas sugere, ao contrário, que todos nós estejamos engajados, por um tempo duradouro, em um processo de teorização que conhecerá muitas reviravoltas e verá nascer novos paradigmas.

Não podemos esperar, no entanto, que tudo fique claro para agirmos. Toda a prática educacional tem por base certas apostas teóricas. Aceitas tais apostas, falta ganhar o maior número delas. A amplitude das incertezas e a complexidade das noções implicadas não são os menores obstáculos.

O movimento rumo às competências está à dianteira da renovação da escola e participa, ao mesmo tempo, de uma incansável repetição. Ao defender as cabeças-feitas em relação às cabeças-cheias, Montaigne defendia outra coisa que não a primazia das competências sobre os conhecimentos? Não será o combate por verdadeiras competências, na saída da formação de base, o combate das escolas novas e, a seguir, das escolas alternativas e de todos os movimentos pedagógicos? Não estaremos, com uma linguagem nova, tratando de reeditar o processo do enciclopedismo, de denunciar novamente os conhecimentos escolares que não serviriam para nada a não ser prestar exames? Um grande pedagogo, hoje aposentado e que conheceu, já em 1930, todas as espécies de renovação na escola, disse um dia, com tristeza, que não tinha certeza de ver, até o fim de sua vida, estender-se em grande escala os princípios da escola ativa que sempre defendera. Cada geração relança o debate em torno dos programas, de sua sobrecarga; redescobre a necessidade de levar-se em consideração a globalidade da pessoa; insiste no sentido dos conhecimentos e de sua contextualização; tem a sensação de ter, finalmente, posto o dedo sobre o fundo do problema e ter encontrado a solução. Houve um real progresso? Talvez a abordagem por competências na reformulação dos programas escolares não seja senão a derradeira metamorfose de uma *utopia muito antiga*: fazer da escola um lugar onde cada um aprenderia livre e inteligentemente coisas úteis na vida...

Em geral, não se julga construtivo, ao ser delineada uma nova utopia, perguntar-se em voz alta se não é "muito barulho por nada". Não contesto que seja indispensável reescrever regularmente, no mural da escola, alguns princípios ambiciosos. No entanto, assim como Hameline, prefiro os "militantes desvirgados",* que não embar-

---

*N. de T. No original, o autor usa a expressão *"militants deniaisés"*, ou seja, aqueles que perderam a ingenuidade.

cam sem pensar no trem da última reforma que está na moda, porque ela desperta esperanças soterradas, muitas vezes frustradas, mas sempre prontas a renascer.

A utopia não é essencialmente *pedagógica*, na medida em que o desenvolvimento das competências é da ordem do possível, genética, psicológica e didaticamente. A utopia é *sociológica*, na medida em que esse desenvolvimento supõe condições favoráveis em todas as classes, ou seja, a adesão dos atores, a começar pelos docentes, a uma concepção da cultura, do saber e da ação, o que passa por uma mudança de identidade, por novas representações e novas qualificações profissionais.

É difícil trabalhar para o advento da utopia sociológica, pois ela envolve os adultos e as organizações, muito hábeis para opor mil razões à mudança das práticas. Os ministros que se seguem podem contentar-se em fingir reformar a escola. Nesse caso, publicam textos promissores, deixando para outros o cuidado da passagem ao ato. Cada governo, quando um tanto dinâmico e audacioso, repõe em cena a utopia enfeitada ao sabor do dia. Chegará o dia de atacar o fundo do problema: textos novos não mudam, sozinhos, as representações e as práticas dos docentes. Uma nova reforma deslocará o problema antes que sejam enfrentados, com perseverança, os verdadeiros obstáculos. Dessa forma, a descontinuidade da ação reformadora prejudica sua eficácia.

RESISTÊNCIAS MUITO RACIONAIS

A abordagem por competências transformaria, consideravelmente, o ofício de professor e o ofício de aluno e, talvez, os ofícios dos administradores e de outros profissionais que intervêm na escola. Deveremos admirar-nos, se tais transformações suscitarem resistências das mais diversas, desde as mais surdas até as mais explícitas? Pior seria ver nelas "resistências irracionais à mudança". Pelo contrário, são bastante "razoáveis", se admitirmos que a razão é, ocasionalmente, o anverso da audácia:

• A justificação da reforma não é, suficientemente, explícita ou convincente. Os que propõem essa nova abordagem sempre subestimam o caminho percorrido, que é contado em anos ou décadas, por meio de uma história de vida, com freqüência, singular e movimentada; espantam-se que os outros, que viveram uma outra história, não considerem seus raciocínios límpidos e suas conclusões, evidentes.

• A abordagem por competências é entendida de formas muito diversas e, às vezes, chega a ser mal-entendida. Manuseiam-se expressões polissêmicas, conceitos pouco estabilizados e ataca-se um enorme problema: as finalidades e os conteúdos do ensino. Não é nada anormal, pois, que se confronte uma imensa diversidade de concepções da cultura e da escola, umas explícitas e construídas, outras intuitivas e esboçadas. Ora, no estado atual dos costumes profissionais, muitos professores continuam pensando solitariamente e dão-se o direito de estar com a razão sozinhos contra todos. A razão pedagógica continua sendo uma questão individual.

ASSUMIR SOLIDARIAMENTE UMA APOSTA

Qualquer reforma importante é uma *aposta*, a qual seria melhor assumir *coletivamente*, correndo-se riscos razoáveis solidariamente. Juntos não significa que todos os docentes e as lideranças estejam convictos disso. Basta uma pequena maioria, ou até bastante ampla e extensa, para puxar o sistema. Inevitavelmente, toda a mudança divide opiniões, tanto dos pais quanto da comunidade profissional.

É muito difícil associar à gênese de uma reforma os professores que se desinteressam da política da educação enquanto não percebem suas incidências sobre sua existência cotidiana. Portanto, é natural que uma reforma seja recebida, em um primeiro momento, como uma utopia, uma loucura, uma engenhoca, uma fantasia ministerial, um sonho de tecnocrata, um carregar água em cesto, ou qualquer outra qualificação tão elogiosa... Nesse momento é que começa o verdadeiro trabalho de inovação. Ora, a melhor maneira de não empreendê-lo está em considerar as resistências como irracionais, seja para ignorá-las, seja para explicar *ad infinitum* que tudo está bem, que a reforma está bem-pensada e responde a tudo. Importa, pelo contrário, *coletivizar a incerteza*, reconhecer os limites de toda a programação da mudança e convidar as pessoas de boa-fé, aquelas que querem o progresso da escola, a participarem da regulação do processo. Para isso, deve-se, naturalmente, abrir-lhes um lugar e aceitar renegociar parte das orientações, das modalidades e do calendário. Os iniciadores de uma reforma devem, então, andar na corda bamba: de tanto defender seu primeiro projeto, lançam no campo adversário os aliados potenciais, que estão de acordo sobre as grandes linhas, mas que desejam apropriar-se do projeto e colocar nele suas palavras e preocupações; se abrirem demais o debate, correm o risco oposto: a reforma obtém uma grande adesão, porque ninguém se sente ameaçado, mas ela perde sua coerência e sua força...

O mais difícil não é compor com as ideologias de uns e de outros, e sim trabalhar sobre as *verdadeiras* resistências à mudança, tão racionais, mas menos confessáveis. Não é irracional preservar interesses adquiridos, mesmo que seja difícil confessar sua oposição a uma reforma porque ela complica a vida, dá muito trabalho, põe em evidência certas incompetências, ameaça o frágil equilíbrio construído com os alunos ou com os colegas, obriga a lutos insuportáveis, afasta das razões que levam a ensinar ou reanima velhas angústias iniciais. É, entretanto, o que se deveria *ousar e poder dizer*, para trabalhar a partir dessas reações muito razoáveis. Quem seria louco o bastante para contribuir com uma mudança que arriscasse colocá-lo, pessoalmente, em dificuldade?

Não há receita para essa fase de uma reforma, a não ser "falar a verdade" e desistir de usar contra o outro tudo quanto ele disser de sincero, que exponha ao julgamento de outrem. Negar as transformações do ofício de docente, minimizá-las ou simplesmente recorrer ao profissionalismo para assumi-las com um sorriso é algo que não está à altura do desafio e que remete cada um para seu foro (ou seu forte?) interior. Não posso desenvolver aqui uma estratégia de mudança que convenha, especificamente, a este ou aquele sistema educacional, mas apenas lembrar algumas idéias tão simples quanto difíceis de implementar:

a. Nem as práticas, nem os sistemas evoluem muito rapidamente; por isso, é preciso buscar o tempo necessário para a mudança das atitudes, das representações e das identidades.
b. Raramente se muda tudo sozinho, pois é mais fecundo participar de um processo coletivo no âmbito de uma equipe ou no estabelecimento de uma rede.
c. Nenhum sistema muda sem ambivalências internas da maioria dos atores, nem sem conflitos entre eles sobre o fundo, a estratégia e os resultados.
d. Não se muda com base no medo ou no sofrimento, tampouco na indiferença.
e. Toda reforma apóia-se em um estado do processo de profissionalização do ofício de docente e pode contribuir para esse processo ou, ao contrário, levá-lo a regredir, conforme a atitude dos reformadores (Gather Thurler, 1993, 1994; Perrenoud, 1996g).

A lucidez do sociólogo obriga a dizer que a abordagem por competências, tal como está desenvolvendo-se, passará provavelmente ao largo de sua ambição. E, ao mesmo tempo, que ela é *indispensável* e deve ser trabalhada. Assim como a pesquisa, a mudança da escola sempre se apóia nas tentativas anteriores e procura dar um passo a mais. O debate atual só é possível porque, há um século, os defensores da escola nova e das pedagogias ativas questionam as relações entre os conhecimentos e as práticas sociais, o sentido do trabalho escolar e a ausência de projeto.

O caráter cumulativo das reformas é, evidentemente, menos convincente do que o dos trabalhos científicos. A escola tem memória curta, os atores mudam, cada reforma é uma história nova para os mais jovens. De acordo com os fracassos ou êxitos mitigados pelas reformas empreendidas durante as últimas décadas, os sistemas educacionais têm aprendido, ao menos, a evitar os erros estratégicos mais gritantes. Falta-lhes capitalizar melhor as aquisições das sucessivas reformas, isto é, identificar melhor as contradições que permeiam o sistema educacional e que dificultam a mudança, mesmo quando se segue ao pé da letra o "manual do perfeito inovador".

Quanto mais se avançar até o ponto que chamei de *"reformas do terceiro tipo"* – aquelas que vão além das estruturas e dos programas e que afetam as práticas de ensino e a cooperação profissional entre docentes – maior será a consideração dada às concepções da cultura que se enfrentam e a necessidade de levar o debate a esse nível. Além disso, será preciso aceitar que uma reforma não é decidida no topo, nem emana, espontaneamente, da base, mas constrói-se conforme um paciente e complexo processo participativo, que recorre a dispositivos e competências específicas de concerto e de inovação, em pequena e em grande escala.

Se a abordagem por competências não passar de uma linguagem da moda, ela modificará apenas os textos e será rapidamente esquecida. Se sua ambição for a transformação das práticas, passará a ser uma reforma do terceiro tipo, que não pode economizar um debate sobre o sentido e as finalidades da escolas e, tampouco, instalar-se em um profundo divórcio entre aquilo que os professores pensam e aquilo que o sistema espera dela. Construir competências desde a da escola requer "paciência e longo tempo".

Referências bibliográficas

ALTET M. [1994], *La formation professionnelle des enseignants*, Paris, PUF.
ARGYRIS C. [1995], *Savoir pour agir*, Paris, InterÉditions.
ARSAC G., GERMAIN G. e MANTE M. [1988], *Problème ouvert et situation-problème*, Lyon, IREM de l'Académie de Lyon.
ARSAC G., CHEVALLARD Y., MARTINAND J.-L. e TIBERGHIEN A. (org.) [1994], *La transposition didactique à l'épreuve*, Grenoble, La Pensée Sauvage.
ASTOLFI J.-P. [1992], *L'école pour apprendre*, Paris, ESF éditeur.
ASTOLFI J.-P. [1993], *Placer les élèves en «situations-problèmes»?* Paris, INRP.
ASTOLFI J.-P. [1997], *L'erreur, ou outil pour enseigner*, Paris, ESF éditeur.
ASTOLFI J.-P., DAROT É., GINSBURGER-VOGEL Y. e TOUSSAINT J. [1997], *Mots-clés de la didactique des sciences. Repères, définitions, bibliographies*, Bruxelas, De Boeck.
AUTHIER M. e LÉVY P. [1996], *Les arbres de connaissances*, Paris, La Découverte.
BARBIER J.-M. [1996], *Savoirs théoriques et savoirs d'action*, Paris, PUF.
BAUDELOT C. e ESTABLET R. [1989], *Le niveau monte. Réfutation d'une vieille idée concernant la prétendue décadence de nos écoles*, Paris, Le Seuil.
BASTIEN C. [1997], *Les connaissances de l'enfant à l'adulte*, Paris, Armand Colin.
BERTHELOT J.-M. [1983], *Le piège scolaire*, Paris, PUF.
BENTOLILA A. (org.) [1995], *Savoirs et savoir-faire*, Paris, Nathan.
BENTOLILA A. [1996], *De l'illettrisme en général et de l'école en particulier*, Paris, Plon.
BOURDIEU P. [1966], «L'inégalité sociale devant l'école et devant la culture», *Revue française de sociologie*, nº 3, p. 325-347.
BOURDIEU P. [1972], *Esquisse d'une théorie de la pratique*, Genebra, Droz.
BOURDIEU P. [1980], *Le sens pratique*, Paris, éd. de Minuit.
BOURDIEU P. [1982], *Ce que parler veut dire. L'économie des échanges linguistiques*, Paris, Fayard.
BOURDIEU P. (org.) [1993], *La misère du monde*, Paris, Le Seuil.
BOURDIEU P. [1997], *Méditations pascaliennes*, Paris, Le Seuil.
BRUNER J.S. [1983], *Le développement de l'enfant. Savoir faire, savoir dire*, Paris, PUF.
CHARLOT B., BAUTIER É. e ROCHEX J.-Y. [1992], *École et savoir dans les banlieues... et ailleurs*, Paris, Armand Colin.
CHEVALIER L. [1978], *Classes laborieuses et classes dangereuses*, Paris, Librairie Générale Française.
CHEVALLARD Y. [1991], *La transposition didactique. Du savoir savant au savoir enseigné*, Grenoble, La Pensée Sauvage (2. ed. revisada e ampliada, em colaboração com Marie-Alberte Joshua).
CHOMSKY N. [1977], *Réflexions sur le langage*, Paris, Maspéro.
COLLÈGE DE FRANCE [1985], *Propositions pour l'enseignement de l'avenir*, Paris, Collège de France.
CRESAS [1987], *On n'apprend pas tout seul! Interactions sociales et construction des connaissances*, Paris, ESF éditeur.
DEVELAY M. [1992], *De l'apprentissage à l'enseignement*, Paris, ESF éditeur.
DEVELAY M. (org.) [1995], *Savoirs scolaires et didactiques des disciplines*, Paris, ESF éditeur.
DEVELAY M. [1996], *Donner du sens à l'école*, Paris, ESF éditeur.

DE VECCHI G. e CARMONA-MAGNALDI N. [1996], *Faire construire des savoirs*, Paris, Hachette.
DIRECTION DES LYCÉES ET COLLÈGES [1997], *Programmes du cycle central 5ᵉ et 4ᵉ*, Paris, ministério de l' Education Nationale.
ÉTIENNE R. e LEROUGE A. [1997], *Enseigner en collège et en lycée. Repères pour un nouveau métier*, Paris, Armand Colin.
FAUROUX R. e CHACORNAC G. [1996], *Pour l'école*, Paris, La Documentation Française.
GATHER THURLER M. [1993], «Amener les enseignants vers une construction active du changement. Pour une nouvelle conception de la gestion de l'innovation», *Éducation et Recherche*, nº 2, p. 218-235.
GATHER THURLER M. [1994], « Relations professionnelles et culture des établissements scolaires: au-delà du culte de l' individualisme?», *Revue française de pédagogie*, outubro-novembro, nº 109, p. 19-39.
GINESTE M.-D. [1997], *Analogie et cognition*, Paris, PUF
GROUPE FRANÇAIS D'ÉDUCATION NOUVELLE [1996], *Construire ses savoirs, Construire sa citoyenneté. De l'école à la cité*, Lyon, Chronique sociale.
HAMELINE D. [1979], *Les objectifs pédagogiques en formation initiale et en formation continue*, Paris, ESF éditeur.
ISAMBERT-JAMATI V. [1985], «Quelques rappels de l'émergence de l'échec scolaire comme 'problème social' dans les milieux pédagogiques français», in PLAISANCE É. (org.), *«L'échec scolaire»: Nouveaux débats, nouvelles approches sociologiques*. Paris, éd. du CNRS, p. 155-163 (retomado in PIERREHUMBERT B. [org.], *L' échec à l'école: échec de l'école*, Paris, Delachaux et Niestlé, 1992).
LE BOTERF G. [1994], *De la compétence. Essai sur un attracteur étrange*, Paris, Les Éditions d'Organisation.
LE BOTERF G. [1997], *De la compétence à la navigation professionnelle*, Paris, Les Éditions d'Organisation.
LÉVY-LEBOYER C. [1996], *La gestion des compétences*, Paris, Les Éditions d' Organisation.
LIEURY A. [1997], *Mémoire et réussite scolaire*, Paris, Dunod, 3. ed. revisada e ampliada.
MARTINAND J.-L. [1986], *Connaître et transformer la matière*, Berna, Lang.
MEIRIEU PH. [1989], *Apprendre... oui, mais comment?*, Paris, ESF éditeur, 4. ed.
MEIRIEU PH. [1990], *Enseigner, scénario pour un métier nouveau*. Paris, ESF éditeur.
MEIRIEU PH. [1990], *L' école, mode d' emploi. Des méthodes actives à la pédagogie différenciée*, Paris, ESF éditeur, 5. ed.
MEIRIEU PH. [1996], *Frankenstein pédagogue*, Paris, ESF éditeeur.
MEIRIEU PH., DEVELAY M., DURAND C. e MARIANI Y. (org.) [1996], *Le concept de transfert de connaissance en formation initiale et continue*, Lyon, CRDP.
MENDELSOHN P. [1996], «Peut-on vraiment opposer savoirs et savoir-faire quand on parle d'apprentissage?», in BENTOLILA A. (org.), *Savoirs et savoir-faire*, Paris, Nathan, p. 9-40.
MENDELSOHN P. [1996], «Le concept de transfert», in MEIRIEU PH., DEVELAY M., DURAND C. e MARIANI Y. (org.), *Le concept de transfert de connaissances en formation initiale et en formation continue*, Lyon, CRDP, p. 11-20.
MINISTÈRE DE L' EDUCATION [1994], *Socles de compétences dans l'enseignement fondamental et au premier degré de l'enseignement secondaire*, Bruxelas.
MINISTÈRE DE L' EDUCATION [1996], *De 2 ans et demi à 18 ans, réussir l'école....*, Bruxelas.
NUNZIATI G. [1990], «Pour construire un dispositif d'évaluation formatrice », *Cahiers pédagogiques*, nº 280, p. 47-64.
PAQUAY L., ALTET M., CHARLIER E. e PERRENOUD PH. (org.) [1996], *Former des enseignants professionnels. Quelles stratégies? Quelles compétences?*, Bruxelas, De Boeck.
PERRENOUD PH. [1983], «La pratique pédagogique entre l'improvisation réglée et le bricolage», *Education et Recherche*, nº 2, p. 198-212 (retomado in PERRENOUD PH., *La formation des enseignants entre théorie et pratique*, Paris, L' Harmattan, 1994, capítulo I, p. 21-41).

PERRENOUD PH. [1990], «L' indispensable et impossible allègement des programmes», in PERRET J.-F. e PERRENOUD PH. (org.), *Qui définit le curriculum, pour qui? Autour de la reformulation des programmes de l' école primaire en Suisse romande,* Cousset (Fribourg), Delval, p. 97-109.
PERRENOUD PH. [1991], «Pour une approche pragmatique de l'évaluation formative», *Mesure et évaluation en éducation,* v. 13, n. 4, p. 49-81.
PERRENOUD PH. [1991], «Ambiguïtés et paradoxes de la communication en classe. Toute interaction ne contribue pas à la régulation des apprentissages», in WEISS J. (org.) *L' évaluation: problème de communication,* Cousset, Delval-IRDP, p. 9-33.
PERRENOUD PH. [1992], «La triple fabrication de l'échec scolaire», in PIERREHUMBERT B. (org.), *L' échec à l'école: échec de l'école,* Paris, Delachaux et Niestlé, p. 85-102.
PERRENOUD PH. [1993], «Curriculum: le réel, le formel, le caché», *in* HOUSSAYE J. (org.), *La pédagogie: une encyclopédie pour aujourd' hui,* Paris, ESF éditeur, p. 61-76.
PFRRENOUD PH. [1993], «Touche pas à mon évaluation! Pour une approche systémique du changement pédagogique», *Mesure et évaluation en éducation,* vol. 16, nº 1-2, p. 107-132.
PERRENOUD PH. [1993], «Vers des démarches didactiques favorisant une régulation individualisée des apprentissages», *in* ALLAL L., BAIN D. e PERRENOUD PH. (org.), *Evaluation formative et didactique du français,* Neuchâtel e Paris, Delachaux et Niestlé, p. 31-50.
PERRENOUD PH. [1994], *La formation des enseignants entre théorie et pratique,* Paris, L' Harmattan.
PERRENOUD PH. [1995a], *La fabrication de l'excellence scolaire: du curriculum aux pratiques d' évaluation,* Genebra, Drozt, 2. ed. ampliada.
PERRENOUD PH. [1995b], «Enseigner des savoirs ou développer des compétences: l'école entre deux paradigmes», *in* BENTOLILA A. (org.), *Savoirs et savoir-faire,* Paris, Nathan, p. 73-88.
PERRENOUD PH. [1996a], *Métier d' élève et sens du travail scolaire,* Paris, ESF éditeur, 3. ed.
PERRENOUD PH. [1996b], *La pédagogie à l'école des différences,* Paris, ESF éditeur, 3. ed.
PFRRENOUD PH. [1996c], *Enseigner: agir dans l'urgence, décider dans l' incertitude. Savoirs et compétences dans un métier complexe,* Paris, ESF éditeur.
PERRENOUD PH. [1996d], «L' infime et l'ultime différence», *in* BENTOLILA A. (org.), *L' école: diversités et cohérence,* Paris, Nathan, p. 49-67.
PERRENOUD PH. [1996e], «Rendre l'élève actif... c'est vite dit!», *Migrants-Formation,* nº 104, março, p. 166-181.
PERRENOUD PH. [1996f], «Lorsque le sage montre la lune... l' imbécile regarde le doigt. De la critique du redoublement à la lutte contre l'échec scolaire», *Éduquer et Former,* Théories et Pratiques, (Bruxelas), junho, nº 5-6, p. 3-30.
PERRENOUD PH. [1996g], «Le métier d'enseignant entre prolétarisation et professionnalisation: deux modèles du changement», *Perspectives,* vol. XXVI, nº 3.
PERRENOUD PH. [1996h], «Le travail sur l' habitus dans la formation des enseignants. Analyse des pratiques et prise de conscience», *in* PAQUAY L., ALTET M., CHARLIER E. e PERRENOUD PH. (org.), *Former des enseignants professionnels. Quelles stratégies? Quelles compétences?* Bruxelas, De Boeck, p. 181-208.
PERRENOUD PH. [1997a], «Vers des pratiques pédagogiques favorisant le transfert des acquis scolaires hors de l'école», *Pédagogie collégiale* (Quebec), v. 10, n. 3, março, p. 5-16.
PERRENOUD PH. [1997b], *La pédagogie différenciée: des intentions à l'action,* Paris, ESF éditeur.
PERRENOUD PH. [1997c], *L' évaluation des élèves. De la fabrication de l'excellence à la régulation des apprentissages,* Bruxelas, De Boeck.
PIAGET J. [1973], *Biologie et connaissance,* Paris, Gallimard, Coll. Idées.
PIAGET J. [1974], *Réussir et comprendre,* Paris, PUF.
RAISKY C. e CAILLOT M. (org.) [1996], *Au-delà des didactiques, le didactique. Débats autour de concepts fédérateurs,* Bruxelas, De Boeck.
REY B. [1996], *Les compétences transversales en question,* Paris, ESF éditeur.
ROCHEX J.-Y. [1995], *Le sens de l' expérience scolaire,* Paris, PUF.
ROMAINVILLE M. [1994], *À la recherche des «compétences transversales»,* Pédagogie-Forum (Bruxelas), novembro, p. 18-22.

ROMAINVILLE M. [1996], «L' irrésistible ascension du terme 'compétence' en éducation...», *Enjeux*, n° 37-38, março-junho, p. 132-142.
ROPÉ F. [1996], «Pédagogies des compétences » à l'école, «logique des compétences» dans l'entreprise, *in* MAROUF, N. (org.) *Le travail en question*, Paris, L' Harmattan, p. 73-120.
ROPÉ F. e TANGUY L. [1994], *Savoirs et compétences. De l' usage de ces notions dans l' école et l' entreprise*, Paris, L' Harmattan.
SAINT-ONGE M. [1995], «Les objectifs pédagogiques: pour ou contre?», in GOULET J.-P. (org.), *Enseigner an collégial*, Montreal, Association québécoise de pédagogie collégiale, p. 185-205.
SCHÖN D. [1994], *Le praticien réflexif. À la recherche du savoir caché dans l'agir professionnel*. Montreal, Les Éditions Logiques.
SCHÖN D. [1996], «À la recherche d'une nouvelle épistémologie de la pratique et de ce qu'elle implique pour l'éducation des adultes», in BARBIER J.-M. (org.), *Savoirs théoriques et savoirs d'action*, Paris, PUF, p. 201-222.
STROOBANTS M. [1993], *Savoir-faire, et compétences au travail. Une sociologie de la fabrication des aptitudes*, Bruxelas, Éditions de l' Université de Bruxelles.
TARDIF J. [1996], «Le transfert de compétences analysé à travers la formation de professionnels», in MEIRIEU PH., DEVELAY M., DURAND C. e MARIANI Y. (org.), *Le concept de transfert de connaissance en formation initiale et continue*, Lyon, CRDP, p. 31-46.
TARDIF J. *et al.* [1995], «Le développement des compétences, cadre conceptuel pour l'enseignement», *in* GOULET J.-P. (org.), *Enseigner au collégial*, Montreal, Association québécoise de pédagogie collégiale, p. 157-168.
TARDIF J. e MEIRIEU PH. [1996], «Stratégie pour favoriser le transfert des connaissances», *Vie pédagogique*, n° 98, março-abril, p. 7.
TARDIF J. [1992], *Pour un enseignement stratégique*, Montreal, Les Éditions Logiques.
TARDIF J. [1995], «Savoirs et savoir-faire: une dynamique pédagogiquement ignorée», *in* BENTOLILA A. (org.), *Savoirs et savoir-faire*, Paris, Nathan, p. 89-104.
TRÉPOS J.-Y. [1992], *Sociologie de la compétence professionnelle*, Nancy, Presses universitaires de Nancy.
VELLAS E. [1996], «Donner du sens aux savoirs à l'école: pas si simple!», *in* GROUPE FRANÇAIS D' ÉDUCATION NOUVELLE, *Construire ses savoirs, construire sa citoyenneté. De l'école à la cité*, Lyon, Chronique sociale, p. 12-26.
VERGNAUD G. [1990], «La théorie des champs conceptuels», *Recherches en didactique des mathématiques*, v. 10, n. 23, p. 133-170.
VERGNAUD G. [1994], «Le rôle de l'enseignant à la lumière des concepts de schème et de champ conceptuel», in ARTIGUE M. *et al.* (org.), *Vingt ans de didactique des mathématiques en France*, Grenoble, La Pensée Sauvage, p. 177-191.
VERGNAUD G. [1995], «Quelle théorie pour comprendre les relations entre savoir-faire et savoir?», in BENTOLILA A. (org.), *Savoirs et savoir-faire*, Paris, Nathan, p. 5-20.
VERGNAUD G. [1996], «Au fond de l'action, la conceptualisation», in BARBIER J.-M. (org.), *Savoirs théoriques et savoirs d'action*. Paris, PUF, p. 275-292.
VERRET M. [1975], *Le temps des études*, Paris, Honoré Champion, 2 v.
VYGOTSKY L.S. [1985], «Le problème de l'enseignement et du développement mental», *in* SCHNEUWLY B. e BRONCKART J.-P. (org.), *Vygotsky aujourd' hui*, Neuchâtel, Delachaux et Niestlé.

O livro *Construir as competências desde a escola* foi composto em Agaramond, 11/12, por ComTexto Editoração Eletrônica para ArtMed.
Porto Alegre, julho de 1999.